Hauts lieux, croyances et légendes de la France mystérieuse

Texte de Claude Arz

Photographies de Franck Fouquet

Hauts lieux, croyances et légendes

de la France mystérieuse

Sélection du Reader's Digest

Sommaire

Il y a de la magie dans nos racines…

On dit que les Bretons aiment le mystère, qu'ils sont familiers avec le monde de l'occulte, qu'ils aiment les anciennes légendes et les croyances dans les revenants. C'est sans doute pour cela que j'ai écrit ce livre car je suis justement breton.
La première fois que j'ai été témoin d'un phénomène surnaturel, je devais avoir 15 ans et je vivais chez mes parents dans la ville de Quimper. Je dormais dans l'appartement familial quand vers 1 heure du matin, on a entendu sonner. Mon père a ouvert, il n'y avait personne. On s'est recouchés un peu inquiets et puis cela a recommencé à sonner, une fois, deux fois, dix fois. Le tintamarre était terrifiant. Ensuite, tout s'est calmé. Le lendemain matin, notre voisin, qui avait le téléphone, est venu nous avertir que l'hôpital de Rennes avait appelé pour dire que mon oncle était mort dans la nuit. En Bretagne, on appelle ça des *traou spont*, des intersignes. Ce fut comme une initiation car j'avais franchi brutalement « les portes d'ivoire et de corne » dont parle le poète Gérard de Nerval, ces fameuses portes « qui nous séparent du monde invisible ».
Quelques années plus tard, j'ai quitté Quimper, comme beaucoup d'autres, pour faire des études universitaires à Nantes, m'immergeant dans la culture savante mais sans jamais oublier mes racines magiques, en étant toujours attentif aux phénomènes étranges, aux coïncidences hasardeuses, attiré par cette « inquiétante étrangeté », selon la formule de Freud. J'y devinais une part refoulée du monde, comme un univers caché qui nous sourit mais qui est sans cesse moqué, rejeté. J'avais au fond de moi cette irréductible attirance celte pour les choses de l'invisible et, très vite, je me suis aperçu que la France n'était pas simplement ce pays cartésien, positiviste que l'on décrivait à longueur de thèses et de chroniques.
Installé à Paris, j'ai voulu en savoir plus et j'ai plongé dans l'univers – je devrais dire les univers – de l'occulte, sans préjugés, toujours avec esprit critique et humour. J'ai tout fait : nuit spirite dans un vieux château normand, invocation aux anciens dieux dans les forêts du Cher, repas ufologiques dans le restaurant d'un supermarché, rencontres gothiques, expériences télépathiques, séances de tarot, salutation au soleil au sommet de Montségur en compagnie des enfants des cathares… J'ai même organisé chez moi des dîners occultes, invitant ainsi les personnages les plus extravagants, des ésotéristes sincères et érudits, des chercheurs obstinés de géographie sacrée, des charlatans aussi, bonimenteurs du paranormal, des sceptiques, des sectaires, d'autres enfin, des raconteurs d'histoires merveilleuses, de trésors enfouis et d'abbayes hantées.
J'aimais ces rencontres car, je le répète, je voulais savoir s'il y avait vraiment quelque chose d'autre derrière la porte, si cette fameuse quatrième dimension existait. On m'a dit souvent que j'étais bien naïf de croire à toutes ces sornettes et que tout ça n'était que fantaisies et racontars. Or je me suis aperçu que des milliers de personnes avaient vécu des expériences paranormales sans jamais oser en parler de peur d'être ridiculisées et se passionnaient pour les énigmes en tout genre.
Je me souviens ainsi du baron Ephraïm Tagori de La Tour, poète octogénaire qui guettait toutes les nuits dans son château de Veauce le fantôme de Lucie, pour qui il avait même composé une sonate au piano ; je me souviens aussi de Pierre l'alchimiste qui, pendant dix ans, a réalisé des travaux dans son laboratoire de fortune d'Auterive, décryptant scrupuleusement les textes de Fulcanelli ; je me souviens de cette voyante de bistrot qui m'initia aux lames du tarot et de cet historien célèbre qui m'avoua un soir se passionner pour les étranges affaires de Rennes-le-Château et de Gisors ; je me souviens enfin de ce grand druide de Bretagne qui, avec tendresse, me parla de « notre grand-mère à tous » la déesse Dana.
Au fil de ces rencontres, j'ai compris qu'un phénomène de masse avait surgi en France, qu'une nouvelle culture populaire se développait sous nos yeux, sans complexes, sans tapage. Les sociologues diraient qu'on assiste à la résurgence d'un « sacré profane ». Je dirais qu'on assiste tout simplement à un désir de réenchantement du monde.

Démons & Merveilles

Qu'est donc cette bête féroce plus agile, plus hardie que les autres loups que l'on rencontre dans les montagnes sauvages de ce pays et qui n'a plus peur des hommes, les attaquant même en plein jour ?

La bête du Gévaudan

La bête du Gévaudan a profondément marqué les esprits du XVIIIe siècle à la fin du règne de Louis XV, tuant plus de cent personnes, principalement des femmes et des enfants, ensanglantant ainsi une bonne partie de la Lozère actuelle mais aussi de l'Auvergne, pendant trois ans, entre juin 1764 et juin 1767. Au cours des siècles suivants, le fait divers sanglant est devenu une légende noire, la Bête hantant les mémoires, tour à tour monstre sanguinaire, bête héroïque qui échappe aux chasseurs, reflet sociologique des peurs des paysans de l'Ancien Régime. Un mythe est né, celui d'une bête féroce dont l'origine énigmatique éveille toujours la curiosité des historiens, des écrivains, des réalisateurs et bien sûr de toute une population encore sensible à la peur du loup.

Les crimes de la Bête

Tout commence au mois de juin 1764, du côté de Langogne, lorsqu'une vachère est attaquée par une bête que ses bœufs parviennent par chance à faire fuir. Mais, le 30 juin 1764, Jeanne Boulet, une jeune fille de 14 ans du village des Hubas, est tuée en plein jour par un animal dans le pâturage où elle gardait un troupeau de vaches. Même si, à l'époque, les accidents de ce type sont assez fréquents, les enfants surveillant leurs vaches loin des villages, dans les bois et les landes, cet événement marque profondément les esprits, d'autant plus que le 8 août suivant, une jeune fille de 15 ans est à son tour égorgée par la Bête.
Les événements se précipitent ensuite, d'autres victimes, des enfants surtout, se font dévorer à belles dents. Qu'est donc cette bête féroce plus agile, plus hardie que les autres loups que l'on rencontre dans les montagnes sauvages de ce pays et qui n'a plus peur des hommes, les attaquant même en plein jour ? Plus qu'une simple inquiétude, une véritable psychose collective envahit les hauteurs du Gévaudan. Les bergers craignent de mener leur troupeau dans les prairies, les bûcherons évitent de faire des coupes dans les bois. Les habitants terrorisés organisent des battues... mais sans succès. La Bête tue encore et encore, décapitant ici une femme de 36 ans, scalpant là un enfant, et dévorant aux trois quarts une jeune fille de 12 ans.
Première conséquence officielle : M. Laffont, sous-intendant de Mende, qui fait office de préfet, donne l'ordre au capitaine-major de Clermont, M. Duhamel, et à ses cinquante-sept dragons de faire la chasse au monstre. Ainsi, certains dimanches d'hiver 1765, ce sont plus de vingt mille paysans qui ratissent les bois et les prairies des vallées de l'Allier et de la Truyère, à travers la montagne enneigée de la Margeride. Des loups sont tués mais le carnage continue. Malgré la volonté du capitaine Duhamel et de ses hommes, l'expédition punitive est un désastre, la Bête attaque les hommes avec encore plus de voracité. Ce qui n'exclut d'ailleurs pas des actes d'héroïsme comme celui du 12 janvier 1765, où la Bête, ayant attaqué un groupe d'enfants armés de « baïonnettes » (couteaux aveyronnais emmanchés sur un bâton), fut touchée plusieurs fois à la tête par le jeune

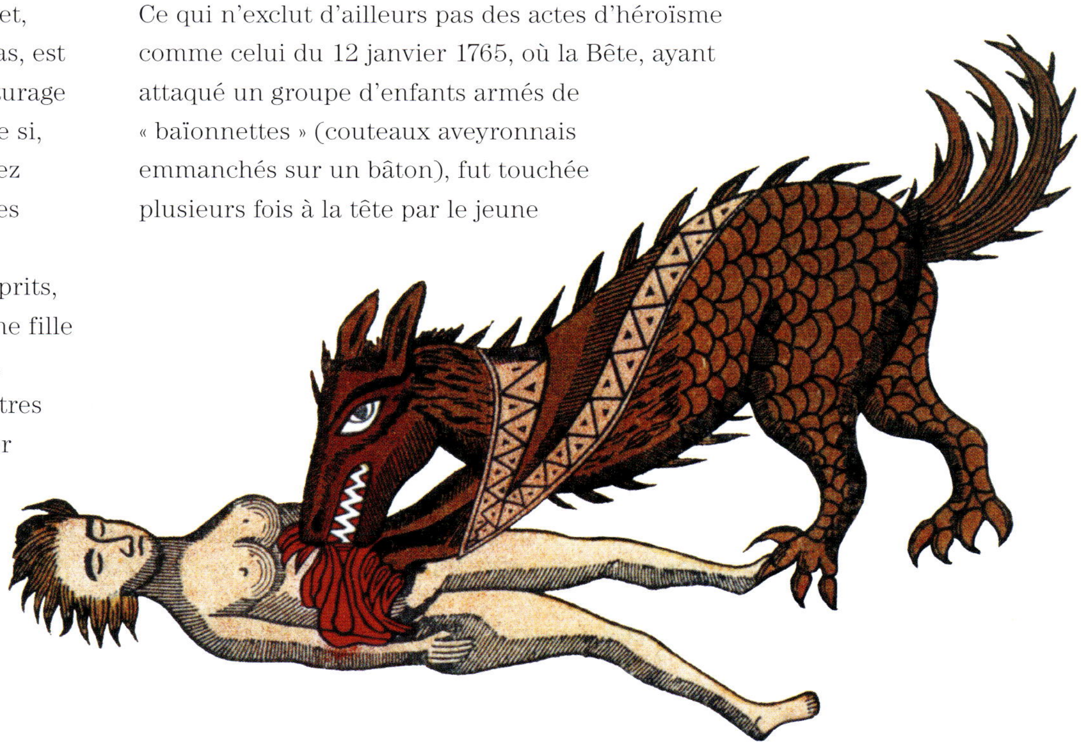

DOUBLE PAGE PRÉCÉDENTE : encerclé par des créatures démoniaques munies de cornes droites, saint Antoine, jeté à la renverse, est tiré en arrière par les cheveux. Une allégorie des démons intérieurs qui agitent de tout temps les hommes. Détail de *la Tentation de saint Antoine*, Matthias Grünewald, 1512-1516, musée d'Unterlinden, Colmar.

PAGE DE GAUCHE : c'est dans l'un de ces chemins isolés du Gévaudan que la Bête guettait ses proies et les attaquait pour les blesser à mort, emportant même quelquefois leur tête. Aujourd'hui, le paysage n'a rien perdu de son cadre sombre et inquiétant.

CI-DESSOUS : c'est au cours de l'été 1764 que la bête du Gévaudan commença à terroriser la région en éventrant une jeune fille qui gardait ses vaches. Gravure du XVIIIe siècle.

Ci-contre : sur la place du village d'Auvers, en Haute-Loire, se dresse une sculpture monumentale de Philippe Keapplin, célébrant la lutte victorieuse de Marie-Jeanne Vallet contre la Bête. Surnommée la « pucelle du Gévaudan », cette toute jeune fille, servante du curé de Paulhac, avait réussi à échapper à la Bête, en plantant son couteau dans le ventre du monstre, qui s'était alors enfui. Chaque année, des milliers de visiteurs font le pèlerinage annuel de la bête du Gévaudan jusqu'à Auvers.

Page de droite : 12 janvier 1765. C'est par un acte d'héroïsme inouï que le jeune Jacques Portefaix, accompagné d'un groupe d'enfants, contraint la bête du Gévaudan à lâcher le jeune Joseph Panefieu, qu'elle a saisi à la gorge. Après cet acte de bravoure, Portefaix fut élevé aux frais de la nation et devint officier. Dessin de Louis Lassalle extrait du *Livre des animaux utiles, remarquables et célèbres* de Michel Möring.

Portefaix, qui la contraignit à lâcher le petit Joseph Panefieu qu'elle avait saisi à la gorge. Portefaix fut récompensé pour son courage et, élevé aux frais de la nation, il devint même officier. Mais la peur grandit de village en village et la rumeur de la présence d'un monstre dans la région se répand dans tout le royaume, atteignant même les oreilles du roi et de la cour de Versailles. Devant l'échec des chasses du capitaine Duhamel, le roi offre une prime de 6 000 livres à qui tuera la Bête. C'est ainsi que les Denneval, père et fils, célèbres louvetiers, ayant déjà tué plus de mille loups en Normandie, vont tenter l'aventure... Mais la chasse sera difficile, le climat et le relief du Gévaudan perturbant les louvetiers. Nouvel échec. Exaspéré par les récits des journaux – notamment de la presse anglaise, qui ironise sur les vingt mille soldats français fuyant devant un loup –, le roi décide alors d'envoyer le lieutenant de ses chasses, son propre arquebusier, Antoine de Beauterne, accompagné de quatorze gardes-chasses et de quatre chiens de la louveterie royale.

Le 21 septembre, dans le bois des Dames de l'abbaye royale des Chazes, en Auvergne, Beauterne abat un grand loup. Disséqué puis embaumé, il sera présenté à la Cour comme la bête du Gévaudan. Le 4 octobre, un autre loup est chassé, le 14, une louve est abattue, les 15 et 17, deux louveteaux sont mis à mort. Les attaques cessent, les journaux annoncent haut et fort qu'Antoine de Beauterne a tué la bête du Gévaudan et le pays respire...
Le calme règne jusqu'en décembre 1765, où deux femmes sont à nouveau attaquées, un enfant blessé et une fillette tuée. Mais, officiellement, la bête est morte et la Cour refuse d'écouter les nouvelles doléances. Alors on s'organise localement : mise en place d'appâts empoisonnés et battues alternent avec les sermons enflammés des prêtres qui voient dans la Bête la marque du diable. L'évêque de Mende la décrit par exemple comme un « fléau envoyé par Dieu pour châtier les péchés des hommes ». Mais la liste des victimes continue de s'allonger : six morts en 1766, dix-huit au cours des six premiers mois de 1767.

Ci-dessus : entre Saugues et Langogne, les vieilles landes d'aujourd'hui restent propices aux légendes et aux récits fantastiques. Des mordus de la Bête continuent d'arpenter ces solitudes pour trouver des indices susceptibles de lever le voile sur l'énigme de la bête du Gévaudan.

Page de droite : au XVIIIe siècle, le meneur de loups était une vraie légende dans les campagnes françaises. Craint par les paysans, il traversait les landes et les bois, toujours accompagné d'une meute de loups prêts à déchiqueter les voyageurs égarés.

Il faut attendre le 19 juin 1767 pour que le cabaretier Jean Chastel, « un enfant du pays », tue une bête à La Sogne d'Auvers en Auvergne. Le marquis d'Apcher ramène au château de Besques le cadavre de la bête qui, selon une lettre de M. de Ballainvilliers, intendant d'Auvergne, « paraît être un loup, mais un loup extraordinaire et bien différent par sa figure et ses proportions des loups que l'on voit dans ce pays » ; une louve est abattue le 27 juin, et l'affaire de la Bête est dès lors jugée terminée. Cette mort ne met pourtant pas un point final à cette affaire qui continue de hanter les esprits encore aujourd'hui.

Un loup mangeur d'homme…

Quelle fut l'identité exacte de la bête du Gévaudan ? Plus de deux cents ans après les crimes, les historiens se déchirent sur son origine. Toutes les hypothèses ont été émises, du loup au serial killer en passant par un ours, une hyène ou un animal hybride dressé pour tuer.
La première hypothèse, celle d'un loup mangeur d'homme, est défendue par de nombreux historiens. L'abbé François Fabre, le premier, en 1930, rappela que la bête du Gévaudan ne fut pas qu'un mythe fabuleux « capable, tout au plus, d'intéresser les petits enfants », mais un monstre réel assoiffé de sang qui terrorisa toute une région. Tous les récits de survivants ou de témoins de ces drames désignent un animal, une bête féroce et malfaisante même si les blessures, jugées inhabituelles, suggéraient plutôt une « bête » hors du commun.
Au cours des premiers mois de l'affaire, le loup est le coupable idéal des crimes qui ensanglantent le Gévaudan, un loup « mangeur d'homme » dit-on. Cette définition repose sur l'idée, développée notamment par le naturaliste français Buffon, selon laquelle le loup aime la chair humaine et la consomme quand « le besoin est extrême ». Ce postulat justifie, et légitime encore chez la majorité des gens, l'idée que le loup représente, la nuit en général, un danger pour l'homme. Un ensemble de faits facilite, à l'époque, le passage du loup mangeur d'homme à la bête dévorante et, réciproquement, de la bête à un loup

« De la taille d'un taureau de 1 an, il a les pattes aussi fortes que celles d'un ours, le poitrail aussi long que celui d'un léopard, les yeux d'un veau et étincelants, les oreilles courtes et droites comme celles d'un loup. » **Capitaine Duhamel**

hors norme. Le 25 novembre 1764, Montcan, le gouverneur militaire du Languedoc, écrit : « On lui a même tiré quatre coups de fusil à dix pas de distance sans avoir pu l'arrêter. » La thèse du loup est corroborée par Antoine de Beauterne lui-même, qui tue un loup de 60 kilogrammes, « un gros loup » écrit-il dans son rapport, mettant fin provisoirement à la tragédie du Gévaudan.
Le mythe du loup mangeur d'homme ou de bétail est une réalité obsédante chez les paysans du Gévaudan. Le loup incarnait, et incarne encore et toujours, une angoisse liée à l'environnement sauvage.
Mais de nombreuses questions subsistent. Pourquoi y eut-il des traces de décapitation ? Pourquoi la bête s'était-elle plusieurs fois enfuie, prenant un enfant sous le bras, courant comme un être humain en évitant les balles et les coups de pointe ? Pourquoi avait-elle déshabillé plusieurs fois ses victimes, leur tranchant la tête ou un sein et déposant ces trophées à quelque distance du corps ? Plusieurs témoins rescapés attestent même avoir aperçu des boutons au niveau de son ventre. Autant de témoignages qui réfutent la thèse du loup.
Enfin, malgré la conviction de diverses autorités morales, les populations locales n'ont jamais pleinement adhéré à l'hypothèse du loup mangeur d'homme. Toutes les théories échafaudées depuis et remettant en question la culpabilité des loups reposent sur la question suivante : comment imaginer que les populations n'aient pas reconnu dans la Bête une espèce aussi commune que le loup, avec qui elles cohabitaient depuis des siècles ?
Un indice, le témoignage même du capitaine Duhamel qui, ayant vu l'animal, le décrit ainsi dans un rapport : « De la taille d'un taureau d'un an, il a les pattes aussi fortes que celles d'un ours [...], le poitrail aussi long que celui d'un léopard, [...], les yeux d'un veau et étincelants, les oreilles courtes et droites comme celles d'un loup [...]. Je crois que vous penserez, comme moi, que cet animal est un monstre dont le père est un lion. »

… ou une bête dressée pour tuer ?

Les naturalistes spécialistes du comportement des loups ont une tout autre analyse, affirmant que les loups n'attaquent pas les hommes. Ainsi, Michel Louis considère que « la bête du Gévaudan est un animal dressé pour tuer des êtres humains » et qui, contrairement au loup, ne craint pas l'homme.
La Bête serait donc soit une hyène rayée d'Afrique, soit un animal hybride, c'est-à-dire le produit d'un croisement de deux espèces, le chien et le loup. D'autre part, de nombreux témoins ont signalé l'étonnante résistance de la Bête. En fait, l'animal dressé par un maître pervers devait être revêtu d'une cuirasse faite de peaux de sangliers. Enfin, la bête semblait parfaitement renseignée sur les fameuses battues et les évitait soigneusement, ce qui ne l'empêchait pas, par défi, d'attaquer à proximité immédiate de celles-ci. C'est ainsi qu'on a soupçonné les Chastel et tout particulièrement Antoine Chastel, le propre fils de celui qui avait tué la Bête à La Sogne d'Auvers en juin 1767, qui vivait seul et qui avait la réputation d'être un vrai sorcier, voire un meneur de loups. Il aurait dressé une ou plusieurs bêtes pour tuer, obéissant aveuglément à un seigneur local, Jean-François-Charles de Morangiès, marquis de Saint-Alban, un hobereau sadique, ivre de crimes, une sorte de serial killer avant la lettre.
La Bête n'a pas fini d'exciter la curiosité des historiens et des amateurs d'énigmes, car ses crimes s'inscrivent à la fin de l'Ancien Régime, une époque de misère sociale, remplie de rumeurs, propice aux terreurs, à l'insécurité et aux pires dérèglements des esprits.

La ville de Saugues est toujours profondément marquée par la présence de la bête du Gévaudan. On y trouve ainsi sa tête sculptée sur les murs de certaines maisons. Mi-hyène, mi-loup, le monstre surveille la ville…

« À force de marcher, d'arpenter le couvert assourdi de mousses gorgées de vieilles pluies, de lichens morts ou proliférants, on saisit mieux la vastitude de l'espace forestier. Ici furent Merlin, Viviane, chevaliers noirs et bruissements de fête aux confins de la Table ronde. »

Philippe Le Guillou, *Brocéliande ou l'obscur des forêts*

La forêt de Brocéliande

Il se trouve un minuscule point vert sur la carte de Bretagne où, depuis le Moyen Âge, les mystérieux chevaliers du Graal, les fées et les druides ont élu domicile. Cette forêt des merveilles, dernier vestige de la grande forêt celtique qui recouvrait, aux temps de la Gaule, le centre de la péninsule armoricaine, c'est Brocéliande. Aujourd'hui, ses vallons résonnent encore du cliquetis des armures scintillantes de Lancelot et de Perceval. Avec ses affleurements de schiste rouge et ses sombres chênes centenaires, Brocéliande, connue aussi sous le nom de forêt de Paimpont, participe toujours à l'enchantement des âmes.

La forêt des chevaliers de la Table ronde

C'est à partir du XIe siècle que les légendes concernant le fabuleux roi Arthur et les chevaliers de la Table ronde se sont implantées dans la forêt de Brocéliande. L'un des vainqueurs de la bataille de Hastings, compagnon de Guillaume le Conquérant, Raoul II de Gaël, était aussi l'un des propriétaires de la forêt de Brocéliande. En revenant de Grande-Bretagne, il colporta auprès des Bretons les légendes du roi Arthur qu'il avait lui-même entendues de la bouche des bardes gaéliques.
Il s'agissait de retrouver le Graal, la fameuse coupe qui servit au cours de la Cène, le dernier repas du Christ et de ses apôtres, une coupe dans laquelle Joseph d'Arithmatie recueillit le sang du Christ, un symbole de pureté, de force et d'abondance. C'est ce même merveilleux breton que les troubadours chanteront à la cour d'Aliénor d'Aquitaine, devenant au XIIe siècle, sous la plume des écrivains et poètes, le célèbre cycle des romans arthuriens qui enflammera l'imagination de générations de romantiques et de celtomanes. Cette aventure initiatique vieille de 700 ans, qui draine la riche matière de Bretagne tout au long du Val sans Retour, a enchanté des générations d'écrivains.
Le premier d'entre eux, Chrétien de Troyes, représente la tradition celtique. Inventeur du cycle arthurien au XIIe siècle, il s'attache à décrire, dans *le Chevalier de la charrette*, l'aventure de Lancelot du Lac qui, par amour pour la reine Guenièvre, abandonne la quête du Graal. Dans *le Chevalier au lion*, il met en scène la forêt de Brocéliande. Aujourd'hui, les arthusiens suivent avec une haute et révérencieuse solennité le parcours de Merlin qui emprunte les chemins forestiers.
Au XIXe siècle, Félix Bellamy relancera la passion arthurienne, réalisant une inventive histoire de Brocéliande, *la Forêt de Bréchéliant*. Il faudra attendre le milieu du XXe siècle pour que la fascination pour le Graal connaisse sa plus fascinante renaissance. René Barjavel, Marcel Brion raconteront l'histoire de Merlin l'Enchanteur ; Julien Gracq affirmera que « le Graal est devenu le rêve du monde » et Philippe Le Guillou, l'artusien le plus doué de la fin du XXe siècle, inventera une déambulation forestière dans la forêt de Brocéliande : « À force de marcher, d'arpenter le couvert assourdi de mousses gorgées de vieilles pluies, de lichens morts ou proliférants, on saisit mieux la vastitude de l'espace forestier. Ici furent Merlin, Viviane, chevaliers noirs et bruissements de fête aux confins de la Table ronde. »
Aujourd'hui, les mystères de Brocéliande convergent tous vers le village de Paimpont, cœur géographique de la forêt. Jamais nommé dans les romans arthuriens, ce hameau est pourtant la porte de la grande légende arthurienne. Chaque rue porte en effet le nom d'un héros de la quête : rue du Chevalier-Lancelot, rue de la Fée-Viviane, rue de la Fée-Morgane, rue de l'Enchanteur-Merlin. Au centre du village, l'ancienne abbaye, fondée au VIIe siècle par le saint roi Judicaël et restaurée avec soin après les raids des Vikings, témoigne de la prospérité

Page de droite : selon la légende arthurienne, la fée Viviane a séduit l'enchanteur Merlin, le plus célèbre des druides celtes, pour qu'il lui transmette les secrets de sa magie druidique. Il lui dévoila ainsi comment garder un homme amoureux pour l'éternité. Voulant tester la formule, Viviane traça neuf cercles autour de Merlin endormi, l'enfermant à tout jamais dans une autre dimension. Sur cette gravure de Gustave Doré (datant de 1869), la fée Viviane écoute le druide qui lui livre ses ultimes secrets.

Double page suivante : à l'entrée du Val sans Retour, l'étang du Miroir aux Fées évoque l'emprise de la fée Morgane, la demi-sœur du roi Arthur, sur la forêt de Brocéliande. C'est en traversant le Miroir aux Fées que les initiés accèdent à un autre monde, passant la porte des légendes.

du monastère, qui disposait d'importantes ressources en bois, eau et minerais de fer. Sur le magnifique portail gothique du XIIIe siècle trône une Vierge à l'Enfant qui foule aux pieds le dragon, l'ennemi héréditaire des chevaliers du Graal.

Le tombeau de Merlin et la fontaine de Barenton

« Il faut croire que les grandes forêts ont le don d'attirer les prodiges » constate Félix Bellamy en 1896. Au sortir du village de Paimpont, l'aventure des chevaliers d'Arthur se poursuit dans la grande forêt de mousse, de hêtres et de châtaigniers, tout au long du Val sans Retour aux flancs hérissés de rochers rouges, véritable piège pour les amoureux infidèles. Ici, chaque chevalier de la quête joue un rôle pour l'éternité comme dans une pièce de théâtre shakespearienne. Lancelot, le plus grand chevalier du monde, préfère l'amour de sa reine à la quête. Perceval le timide n'ose toujours pas saisir le Graal, le vase sacré entr'aperçu une nuit dans le château du Roi Pêcheur. Mordret restera le traître jusqu'à la fin des temps et, sous le regard attendri des elfes et autres korrigans, les fidèles chevaliers du roi Arthur, Ban, Gauvain, Yvain, suivent, immuables, le chemin des Folles Pensées.

Parmi les héros des romans arthuriens, le druide Merlin a fait naître une immense ferveur. Fils du diable et d'une sainte femme, doté de pouvoirs magiques, à la fois sorcier et voyant, Merlin représente la synthèse des traditions celtiques et chrétiennes. Brocéliande, qui fut, pendant plus de mille ans, la terre sacrée des druides avant la conquête de Jules César, est devenue la prison de cristal de Merlin, piégé pour l'éternité par les neuf cercles magiques de la fée Viviane, dont il était épris et qui voulait lui dérober ses pouvoirs magiques. Selon une tradition tenace, il repose aujourd'hui dans la forêt de Brocéliande au lieu-dit « Le tombeau de Merlin », non loin du village de Landelles. Ce tombeau comporte trois grosses pierres à l'ombre d'un houx centenaire et chaque année les pèlerins de la quête arthurienne viennent par centaines s'y recueillir et goûter à l'eau de la fontaine de Barenton, lieu de la première rencontre de Viviane et Merlin. Cette fontaine dotée de pouvoirs magiques ne fut jamais christianisée, mais accueillera pourtant, jusqu'en 1835, des processions, pour implorer la pluie lors des années de sécheresse. On dit encore aujourd'hui que la fontaine rit lorsqu'y apparaissent des bulles (de l'azote pur) et qu'elle

CI-DESSUS : l'hotié de Viviane aurait été la demeure de la fée Viviane, également appelée la « Dame du Lac ». D'un point de vue archéologique, il s'agirait d'une chambre funéraire néolithique ayant la forme d'un coffre. Des haches en pierre, vieilles de 5 000 ans, furent découvertes sous ces mégalithes.

PAGE DE GAUCHE : après l'incendie de 1990, qui ravagea une bonne partie de la forêt de Brocéliande, l'association du Val sans Retour demanda à un artiste, François Davin, de produire une œuvre qui symboliserait la beauté et le respect de la forêt. Il créa ainsi l'Arbre d'Or en recouvrant un châtaignier brûlé de feuillage d'or, entouré de cinq arbres noirs évoquant la forêt incendiée. L'Arbre d'Or, doté d'élégantes ramures de cerf, symbolise la force de l'ancien dieu celte Kernunos.

Ci-dessus : *l'Apparition du saint Graal*, représentant le roi Arthur et ses preux chevaliers rassemblés au château de Tintagel, est certainement le vitrail le plus spectaculaire de l'église de Tréhorenteuc. Chercher le Graal, c'était chercher le vase sacré qui aurait recueilli le sang du Christ au pied de la croix. Au Moyen Âge, le roi Arthur et ses chevaliers, en guerre contre les Saxons, l'ont cherché… mais en vain.

Page de droite : les murs de l'église de Tréhorenteuc sont ornés de vitraux et de mosaïques s'inspirant à la fois de l'imaginaire celte et chrétien. Ici, la chapelle du Saint-Sacrement (ou chapelle Saint-Eutrope).

exauce les vœux secrets des visiteurs… Mais les voyageurs imprudents jetant de l'eau sur le perron de la pierre de la fontaine déchaînent, paraît-il, des orages et des pluies diluviennes.

L'église du Graal

La forêt et ses habitants légendaires vont renaître grâce à un simple curé de campagne, l'abbé Gillard, qui fut nommé en 1942 recteur de Tréhorenteuc, un petit village isolé au milieu de la grande forêt, à peine relié au monde par des chemins bourbeux. En quelques années, dix ans à peine, ce passionné d'ésotérisme redonne vie aux légendes arthuriennes enfouies dans l'épaisseur du temps, en restaurant sa petite église. Son esprit visionnaire le poussera à mieux connaître l'histoire de la quête du Graal qui hantait encore les bois et landes alentour, écoutant avec attention les dernières conteuses qui expliquaient que la forêt était le refuge de la fée Viviane et de Lancelot. Alors l'abbé va, lui aussi, entendre le fracas des armures des chevaliers, la harpe de Merlin et les chants mélodieux de la fée Viviane. Sans relâche, il va chercher la fusion de la foi chrétienne et des légendes celtiques en s'inspirant des amours de Merlin et de Viviane et de l'épopée des chevaliers du Graal pour décorer l'intérieur de son église, qui deviendra progressivement un sanctuaire de l'imaginaire celtique. Dès l'entrée, sous le porche, une formule marquée du sceau de l'ésotérisme intrigue : « La porte est en dedans. » C'est le signe que tout est symbole dans cette église, une invitation aussi à la méditation. Ainsi l'abbé fait-il réaliser des vitraux, dont le plus réussi a pour thème l'apparition du saint Graal où l'on voit le roi Arthur et ses preux chevaliers rassemblés pour préparer leur quête. Mais c'est au-dessus de l'entrée de l'église que réside le chef-d'œuvre artistique de la quête de l'abbé Gillard : une mosaïque dessinée par Jean Delpech illustrant l'un des épisodes des *Temps aventureux*. Le Christ est représenté par un cerf blanc portant un collier et une croix sur le cœur, symbole de charité. Il est entouré par quatre grands lions rouges évoquant les quatre évangélistes, Luc, Jean, Matthieu et Marc. En juillet 1945, l'abbé Gillard embauche deux prisonniers de guerre pour réaliser un chemin de croix dans l'église de Tréhorenteuc, une œuvre étonnante où la fée Morgane apparaît à moitié nue devant le Christ tombé à terre. Ils exécutent aussi des petits tableaux qui décrivent le Val sans Retour, où la fée Morgane emprisonnait ses amants infidèles.

C'est ainsi que l'église de Tréhorenteuc, devenue l'une des clés de la légende arthurienne, est surnommée aujourd'hui l'église du Graal. Certains chuchotent que, les nuits de pleine lune, on peut apercevoir le château féerique de Merlin se refléter dans l'étang du Val sans Retour… D'autres enfin attendent le long des murailles du château de Comper le réveil d'Arthur, symbole de l'indépendance du monde celte.

SAINT EUTROPE

Aujourd'hui, loin de former un simple musée de curiosités,
la sorcellerie reste vivace dans les campagnes du Berry,
mais elle est gardée secrète et les étrangers en sont tenus à l'écart.

La sorcellerie est encore présente dans le Berry. Un musée, celui de Concressault, lui est entièrement dédié. Le loup (ci-dessous), animal craint jusqu'au XIXe siècle, a longtemps été considéré comme le compagnon nocturne des sorciers. Le grand maître du sabbat (au centre) exhorte les sorcières à danser pour Satan. Le dragon (double page suivante), du vieux mot latin *draco*, reste un symbole maléfique.

PAGE DE DROITE, EN HAUT : par une nuit sans lune, un couple égaré fuit devant une terrifiante apparition surgie des marais. *Les Moines des étangs-brisses*, gravure de Maurice Sand, 1857, extraite des *Légendes rustiques* de George Sand.

Le Berry, terre de sorciers

Depuis le Moyen Âge, le Berry est considéré comme un haut lieu de la sorcellerie. Aujourd'hui encore, les ethnologues observent que certains habitants du Cher et de la vallée de l'Indre sont encore étrangement fascinés par des mythes et des légendes qui empruntent beaucoup à d'anciennes croyances païennes, donnant un rôle central à des forces invisibles que les sorciers, les exorcistes et les guérisseurs semblent dominer.

Un terroir aux croyances obscures

Est-ce parce que le Berry se tint longtemps à l'écart des grandes influences culturelles du royaume de France que les anciens cultes forestiers y ont été préservés plus qu'ailleurs ? Toujours est-il que les Berrichons ont un long passé jalonné de rites incantatoires, vouant une grande fidélité aux grimoires et formules magiques issus tout droit de l'esprit médiéval. Ainsi, pendant des siècles, la plupart des maladies et des calamités étaient attribuées aux terribles jeteurs de sorts. La nuit, les campagnes étaient peuplées de birettes (fantômes sans tête), de lupeux (démons), de lupins (bêtes diaboliques) et autres meneux de loups (sorciers), et il n'était pas rare que des témoins décrivent des groupes de sorcières se réunissant en secret aux carrefours des routes du Berry pour adorer le grand bouc. La trace de ces pratiques s'est incarnée dans de terrifiants procès de sorcellerie qui ont frappé la mémoire du Berry. La première de ces affaires, celle des sorciers du Carroi de Marlou (1582-1583), mit en scène, sous le règne d'Henri III, dans le Sancerrois, un procès où six personnes furent accusées de rencontre avec le diable et d'assistance au sabbat. Le procès se termina par la mort sur le bûcher de cinq des accusés, tous des hommes, la sixième accusée, une femme, Guillemette Piron, s'étant, peu après le début de son interrogatoire, étranglée dans sa prison et son corps ayant été traîné sur une claie et brûlé. La seconde affaire, celle de Mainguet à Sainte-Solange en 1614, se termina par la pendaison de six personnes accusées de pratiques démoniaques, préalablement torturées et brûlées afin d'éviter qu'elles ne reviennent la nuit hanter les maisons des vivants.
La troisième affaire, encore plus terrible, mit en scène, en 1886, une famille entraînée par le gendre, Thomas, qui pensait que la grand-mère était responsable de la maladie de ses animaux et qui la brûlera vive dans la cheminée. Dénoncés par les enfants, les membres de la famille seront condamnés et guillotinés.

Des traditions toujours vivantes

Au XIXe siècle, George Sand, passionnée par l'univers des jeteurs de sorts et autres spectres nocturnes, a largement façonné l'image d'un Berry sorcier en immortalisant les étranges enchantements de la forêt de Chanteloube et les mœurs inquiétantes de la vallée Noire dans son célèbre roman *la Mare au diable*.

Un siècle plus tard, l'écrivain Claude Seignolle, qui a souvent évoqué dans ses œuvres la « bonne dame » de Nohant, deviendra le nouveau raconteur de légendes, guidant ses lecteurs sur les traces des sorcières modernes. Ainsi, en 1969, dans *le Berry traditionnel*, il interrogea la mémoire paysanne de la région, réunissant des témoignages relatifs à l'enfance, au mariage, à la mort, aux fêtes traditionnelles, aux remèdes de bonne femme et à la sorcellerie, concluant que « grand nombre de ces traditions ne sont déjà plus que

« Comme dans les contes de Perrault, toute la panoplie de la sorcière y était ! Elle m'est apparue, sale, dans de vieilles fripes noires, édentée, chevelure blanche, flanquée de son bouc et de ses chèvres… » **Brigitte Lucas**, ***Rites et Traditions populaires en Bas-Berry***

PAGE DE DROITE : c'est George Sand qui a immortalisé l'univers maléfique de la mare au Diable dans son roman éponyme. Observatrice attentive, élevée parmi les paysans de son village, elle fut, dès l'enfance, imprégnée des traditions et des légendes de son Berry natal. Vers l'âge de 50 ans, elle recueillit les traditions et les superstitions populaires de cette région, publiant successivement *Mœurs et coutumes du Berry*, *Visions de la nuit dans les campagnes* et *Légendes rustiques* où se rencontraient, dans une atmosphère crépusculaire, fades, follets, lavandières de nuit, meneux de loups et jeteurs de sorts.

CI-CONTRE : à toutes les époques, les hommes ont pratiqué les envoûtements à caractère érotique. Cette fresque sculptée évoque des scènes de magie sexuelle. Musée de Concressault.

souvenances. Ce patrimoine humain, si patiemment accumulé et pétri au cours des siècles, est de plus en plus voué à l'indifférence et à l'effacement, victime du progrès et des changements de mode. »

Aujourd'hui, loin de former un simple musée de curiosités, la sorcellerie reste vivace dans les campagnes du Berry, mais elle est gardée secrète et les étrangers en sont tenus à l'écart. Les chemins sont jalonnés de légendes et tout est matière à interprétation maléfique : les vaches qui meurent, le tracteur qui se renverse, le lait qui tourne ou l'épouse qui avorte.

Plus récemment, de nombreux reportages ont montré l'actualité de ce phénomène, que l'on croyait disparu depuis la fin du XIXe siècle.

Le sorcier est toujours celui qui jette les mauvais sorts : c'est le charmeur, le noueur d'aiguillettes. Il utilise des livres maléfiques comme *le Petit et le Grand Albert*. Le guérisseur ou le toucheur est celui qui soigne bêtes et hommes. Les secrets, qui se passent de père en fils, traversent toutes les classes sociales ; si le phénomène reste plus

courant chez les populations rurales, il perdure aussi dans les villes.

Tout le monde nie, mais chacun a, au moins une fois dans sa vie, consulté le rebouteux ou le toucheur, qui officie dans les arrière-salles de restaurants ou de bistrots de campagne, remettant en place des vertèbres déplacées, pansant les plaies et chassant les démons des esprits des vivants.

Ainsi, en 1981, l'ethnologue Brigitte Lucas raconte comment elle a rencontré sa première sorcière...

« Sa maison, je devrais dire sa masure, était au bout du village. Comme dans les contes de Perrault, toute la panoplie de la sorcière y était ! Le balai en genêt près de la porte...Elle m'est apparue, sale, dans de vieilles fripes noires, édentée, chevelure blanche, flanquée de son bouc et de ses chèvres... Quand je lui parlais de ses voisins, elle bougonnait d'un air mauvais qu'elle avait fait ce qui fallait : "que l'herbe ar'pouss'rait pas avant longtemps et que les vaches f'raient pu d'lait..." »

Des cultes magico-religieux

Ce don particulier des Berrichons pour les croyances ancestrales se couple sans problème avec la foi chrétienne. En témoignent les dizaines de cultes aux saints guérisseurs qui fourmillent encore dans les campagnes du Bas-Berry, comme celui de Saint-Aigny. Située sur la commune de Le Blanc, la fontaine de Saint-Aigny, par rapprochement phonétique, guérit les taigneux, dit-on dans le langage populaire. La composition de l'eau de la fontaine est efficace contre les croûtes de lait des nourrissons, l'eczéma et l'urticaire. Les habitants racontent qu'au début du XXe siècle, on y organisait des cérémonies en période de sécheresse et que l'on implorait aussi saint Jean-Baptiste contre la peur des enfants. On peut citer aussi le pèlerinage à l'église Saint-Génitour, située dans le village de Le Blanc, qui a lieu chaque

Au-delà du folklore, le Berry reste incontournable pour tous ceux qui aiment les relations privilégiées avec l'occulte.

année le premier dimanche de septembre. Il suffit de passer le doigt à travers le trou de la porte de l'église pour avoir beaucoup d'enfants et pour que les aveugles recouvrent la vue.
Plutôt drôle, le culte de la fontaine de Saint-Marin, située près d'Argenton-sur-Creuse, où les parents mènent les enfants « rechignoux », c'est-à-dire grognons... Après une messe donnée à 10 heures, le premier samedi de septembre, les pèlerins boivent l'eau de la fontaine.
Plus érotique, le culte des pierres aphrodisiaques à Pouligny-Saint-Pierre, non loin du lieu-dit La Jozière, sur la rive gauche du Suin, qui redonnent aux hommes le goût des étreintes brûlantes. Les postulants s'allongent nus dans le creux de la pierre en forme de vulve et frottent leur pénis contre les parois rugueuses de la pierre pour stimuler leurs ardeurs phalliques.
Au-delà du folklore, le Berry reste incontournable pour tous ceux qui aiment les relations privilégiées avec l'occulte. Ils sont encore assurés de dénicher dans quelques fermes ou villages reculés une histoire de mauvais œil, de troupeaux mystérieusement décimés ou de voisins malveillants. C'est sans doute pour tout cela que de nombreux villages berrichons ont toujours la réputation d'être de véritables nids de sorciers.

PAGE DE GAUCHE : l'antre du sorcier a inspiré de nombreuses histoires. On représentait ce repaire du démon comme une cabane perdue au fond des bois où le maître des maléfices procédait à des envoûtements à l'aide de formules incantatoires sorties de vieux grimoires comme *le Grand Albert*.

À DROITE : le voyage des sorcières au sabbat a longtemps été un classique des traités de démonologie. Ici, deux sorcières nues, une jeune fille, initiée par une vieille femme, chevauchent un bouc à travers les airs. Manifestement déterminées, elles vont au sabbat des sorcières rejoindre leur maître Satan. Illustration par Alexandre Steinlein de l'ouvrage de Jules Bois, *le Satanisme et la magie*, extraite *de Gil Blas* du 4 août 1895.

Gustave Flaubert décrivit la forteresse maudite du château de Tiffauges comme un « fantôme muet, abandonné... plein de résonances farouches ».

Le château de Barbe-Bleue

CI-CONTRE : la chapelle Saint-Vincent du château de Tiffauges fut l'un des lieux préférés de Gilles de Rais, qui y pratiquait ses expériences sanguinaires. La rumeur locale dit que, dans ses sous-sols, gît encore le trésor du seigneur démoniaque...

PAGE DE DROITE : pour obtenir de l'or, Gilles de Rais invoquait les puissances infernales. Il n'hésitait pas, pour cela, à égorger de jeunes enfants en offrande à Satan, croyant que le maître des ténèbres lui révélerait ainsi ses trésors cachés. Gravure de Valentin Foulquier extraite de *Histoire populaire de la France*, 1862.

DOUBLE PAGE SUIVANTE : Tiffauges abrite également le centre d'alchimie. Ici, un laboratoire tel qu'il devait être au Moyen Âge, avec, en son centre, le fameux athanor où l'alchimiste faisait cuire la matière première afin d'obtenir la pierre philosophale. Lors de leurs expériences, les alchimistes utilisaient un certain nombre d'ustensiles : creusets, lingotières, ballons et appareils distillatoires.

Fondé au XIIe siècle par Geoffroy de Thouars, le château de Tiffauges fut, du temps de sa splendeur, un magnifique exemple d'architecture militaire avec un donjon de 18 mètres de hauteur et une enceinte fortifiée de 3 hectares, protégée par quelque dix-huit tours. Mais cette forteresse est surtout connue pour avoir abrité le terrible Gilles de Rais (1404-1440) qui, derrière ses sombres murailles, pratiqua l'alchimie et le satanisme, sacrifiant près de cent quarante enfants au cours de terrifiantes séances de magie noire. Aujourd'hui, le maréchal de Rais est resté vivant dans la mémoire du pays de Tiffauges sous la forme d'un monstre cruel et cynique, avaleur d'enfants, que la tradition populaire, bien avant Charles Perrault, a surnommé Barbe-Bleue.

Tiffauges, le château noir de Gilles de Rais

De son vivant, Gilles de Rais fut l'une des plus grandes fortunes françaises du XVe siècle. Arrière-petit-neveu du connétable Du Guesclin, maréchal de France et compagnon d'armes de Jeanne d'Arc, il possédait de vastes domaines et de nombreux châteaux perchés sur les collines d'Anjou et de Vendée, tels que Champtocé, Tiffauges, Machecoul et Pouzauges. Mais c'est sans doute Tiffauges qui restera dans les mémoires comme le théâtre de ses plus sinistres crimes.

En 1437, terrassé par l'affreuse tragédie de Jeanne d'Arc, abandonné de tous, Gilles de Rais va s'enfermer d'abord dans son château de Machecoul, puis à Tiffauges, plongeant lentement dans la folie et le crime. À son propos, Gustave Flaubert, qui sillonna à pied la région en 1842,

décrivit la forteresse maudite comme un « fantôme muet, abandonné... plein de résonances farouches ».

C'est dans la crypte romane de la chapelle Saint-Vincent et à l'ombre des salles basses du donjon que le seigneur des lieux invoquait les puissances infernales pour obtenir l'or qui lui manquait tant, commettant des crimes rituels sur de jeunes enfants achetés ou capturés dans les hameaux voisins par ses compagnons. À la fin de chaque orgie, les serviteurs nettoyaient les salles du château maculées du sang des victimes, tandis que Gilles de Rais allait se reposer. Les cadavres

Tel un ogre assoiffé de sang, le château du maréchal de France se refermait tragiquement, nuit après nuit, sur de jeunes garçons qui avaient le malheur de demander l'aumône ou de se promener dans les bois alentour...

étaient ensuite brûlés dans une vaste cheminée. Tel un ogre assoiffé de sang, le château du maréchal de France se refermait tragiquement, nuit après nuit, sur de jeunes garçons qui avaient le malheur de demander l'aumône ou de se promener dans les bois alentour.
Pour l'accompagner dans sa sinistre besogne, Gilles de Rais eut, dès le début, plusieurs fidèles complices. Le premier, Gilles de Sillé, sans doute le plus cruel, enlevait les enfants, toujours vêtu d'un manteau noir. Le second, Poitou, entré à son service à peine âgé de 20 ans, page et amant du maréchal, se chargeait de la sinistre besogne d'égorger les victimes pour son maître. Enfin, le troisième personnage, la vieille Perrine, dite La Meffraie, sorte de sorcière, attirait les enfants avec de la brioche pour ensuite les ficeler, les bâillonner et les emporter dans un sac.

Évocation du diable

À partir de 1438, accablé par des dettes colossales, Gilles de Rais franchit un pas supplémentaire dans la déchéance morale. Grâce à Eustache Blanchet, son âme damnée, il fit la connaissance de François Prelati, jeune moine défroqué et pseudo-alchimiste. Celui-ci, par son intelligence et sa beauté, conquit très vite le cœur et le corps de Gilles de Rais. Devant l'inévitable faillite du maître des lieux, Prelati était l'homme de la providence, mais aussi celui qui allait précipiter définitivement Gilles de Rais vers les gouffres de l'enfer.
Pour obtenir or et richesse, Prelati procéda plusieurs fois à l'évocation du démon Barron en présence de Gilles de Rais, croyant que le diable lui révélerait les trésors cachés.
Ainsi, au début de l'été 1439, à Tiffauges, peu avant minuit, Gilles de Rais et Prelati, aidés de Gilles de Sillé, d'Eustache Blanchet, d'Henriet, un de ses serviteurs, et de Poitou, tracèrent avec la pointe d'une épée plusieurs cercles où ils inscrivirent des croix et des caractères en forme d'armoiries. Dans des pots de terre, où brûlait du charbon, ils jetèrent de l'encens, de la myrrhe et des grains d'aloès. Prelati se plaça au centre d'un cercle et commença à lire l'étrange invocation : « Je vous conjure Barron, Oriens, Belial, Belzébuth, par le père et le fils et le Saint-Esprit, par la Vierge Marie et tous les saints, d'apparaître ici en notre présence afin de vous entretenir avec nous et de faire notre volonté. »
Ils ouvrirent les quatre fenêtres de la grande salle inférieure du château de Tiffauges. Deux heures passèrent, mais rien ne se produisit. Le diable Barron n'apparut pas. Sur ordre de Rais, le lendemain soir, Prelati répéta l'opération, toujours sans résultat. Les disparitions d'enfants s'accélérèrent. Gilles de Rais continuait inlassablement ses crimes car il lui fallait à tout prix trouver le moyen de « faire de l'or ».
Au bord de la faillite, Gilles de Rais commit l'erreur qui le mènera au bûcher quand,

Page de gauche : construit au XIIe siècle, le château de Tiffauges fut, au XVe siècle, la demeure du maréchal Gilles de Rais, qui transforma ce château en véritable lieu de torture et d'horreurs en tout genre...

Ci-dessous : dans ce tableau de Firmin Féron datant de 1834, le maréchal de Rais apparaît dans tous ses attributs de seigneur de guerre médiéval (armure scintillante, hache de guerre et lourde épée). Le regard de Gilles de Rais est celui d'un seigneur arrogant et cruel.

« Dans ce décor de forteresse et de tombe, le déclin de Gilles de Rais a l'aspect d'une hallucination théâtrale. » **Georges Bataille,** ***le Procès de Gilles de Rais***

Le souvenir de la grande faucheuse est toujours présent dans le château de Tiffauges, rappelant aux contemporains les terrifiants crimes sexuels qui ont souillé les salles du château.

le 15 mai 1440, à la tête de soixante hommes, il pénétra en l'église de Saint-Étienne-de-Mermorte, brandissant une hache, hurlant et injuriant Jean le Ferron, auquel il avait vendu la châtellenie de Saint-Étienne-de-Mermorte, commettant ainsi l'irréparable, violant le privilège ecclésiastique et, plus grave, provoquant le duc de Bretagne.
Le 24 août, le duc autorisa son frère, officier du roi, à prendre le château de Machecoul, où étaient retranchés Gilles de Rais et ses complices.
Le maréchal fut arrêté en compagnie de ses complices, Poitou, Eustache Blanchet et le sorcier Prelati. Le 13 septembre 1440, Gilles de Rais fut cité devant le tribunal ecclésiastique, accusé de meurtres d'enfants et de pacte avec le démon. Devant ce désastre, l'écrivain Georges Bataille dira : « Dans ce décor de forteresse et de tombe, le déclin de Gilles de Rais a l'aspect d'une hallucination théâtrale. »

Le procès de Barbe-Bleue

C'est incarcéré dans un vaste appartement à Nantes que Gilles de Rais attendit entre deux prières le jugement de la cour séculière pour répondre des meurtres d'enfants et de la violation du privilège ecclésiastique. Peut-être pensa-t-il un moment échapper à la justice grâce à son statut, ses rangs et son titre de maréchal de France. Ainsi, quand, le 19 septembre 1440, les débats s'ouvrirent, Gilles de Rais, théâtral, ne reconnut pas la cour comme compétente, insultant ses juges, les traitant de ribauds et de simoniaques. Raide et figé, le maréchal assista à l'interminable défilé des témoins, les plaignants, qui se succédèrent par dizaines, accusant sans faiblir Gilles de Rais d'être le responsable de la disparition de leurs enfants. Et le 15 octobre 1440, devant les témoignages accablants, coup de théâtre : Gilles de Rais accepta la compétence de la cour, avouant ses crimes, implorant le pardon de Dieu et s'excusant auprès des enfants qu'il avait « si cruellement massacrés ». Lors du procès, qui dura plus d'un mois, Henriet et Poitou, deux des complices de Gilles de Rais, confessèrent les pires crimes et notamment avoir livré chacun à leur maître insatiable une quarantaine d'enfants, avant de les assassiner pour assouvir ses passions sanguinaires. Ainsi, les minutes du procès évoquent en des termes crus les pratiques sanguinaires et pédophiles de Gilles de Rais : « Il est dit que ledit Gilles de Rais a parfois commis ses plaisirs avec lesdits garçons et filles avant de les blesser... ; d'autres fois, il les sodomisait après les avoir accrochés ou avant d'autres blessures ; d'autres fois encore, après leur avoir tranché la gorge, il se masturbait sur les veines du cou ou de la gorge, et sur le sang giclant ; d'autres fois encore, il les violait alors qu'ils étaient dans la langueur de la mort à condition qu'il y ait encore quelque chaleur dans leurs corps. »
Le 23 octobre 1440, la cour séculière prononça la condamnation à mort de Gilles de Rais et de ses complices, et le 25 octobre, ce fut au tour de la cour ecclésiastique de le condamner à mort pour évocation de démons et pour avoir perpétré le crime et le vice contre nature selon la pratique sodomite. Plein de remords, Gilles de Rais tomba à genoux et déclara à ses juges : « Je vous supplie de prier ardemment pour moi et, si votre charité en a la force, de m'aimer comme une mère aime le plus malheureux de ses enfants ».
Le 26 octobre 1440, Gilles de Rais fut conduit sur son lieu de supplice, accompagné d'une foule immense, pendu et ensuite livré aux flammes. Son corps sera enterré par quatre ou cinq dames de haute lignée et déposé en l'église de Notre-Dame du Carmel de Nantes.
Gilles de Rais passera définitivement à la postérité avec le conte de Charles Perrault qui s'inspira du personnage du maréchal pour écrire *Barbe-Bleue*.

*Carnac fut dans l'Antiquité un haut lieu sacré,
dans lequel se tenaient de grands rassemblements religieux
en vue d'adorer la pierre, le Soleil, la Lune et les étoiles.*

Page de droite : dès la nuit tombée, les lutins courent sur la lande et attirent les voyageurs attardés dans leur tanière. Ils sont petits, tour à tour farceurs et cruels, serviables et violents. Les ethnologues ont expliqué l'origine de ces êtres légendaires par les interdits que faisait peser le christianisme sur les anciennes coutumes des Bretons. Ainsi, les curés, au cours de leurs sermons dominicaux, expliquaient que la nuit était peuplée de curieuses créatures qui avaient pour vocation de faire fuir les voleurs et d'effrayer les maris alcooliques ou adultères. Une façon de réguler les mœurs et de socialiser les Bretons considérés comme des païens. *La Danse des Korrigans*, Louis Ridel, 1933.

Double page suivante : énigmatiques et hiératiques, les menhirs de Carnac dressent leurs longs cous de pierre vers le ciel. Depuis 6 000 ans, les hommes ont fait de Carnac un haut lieu du mystère. Aujourd'hui, ils viennent par milliers contempler les menhirs qui défient le temps. Calendrier solaire, champs des morts, culte des pierres ? Toutes les hypothèses ont été évoquées depuis la grande vague de celtomanie du XIXe siècle.

Les menhirs de Carnac

Vieux de 6 000 ans, le site mégalithique de Carnac constitue un sommet de l'architecture néolithique européenne. Plus de trois mille menhirs sont alignés dans la lande et la broussaille, se dressant vers le ciel sur près de 40 hectares et 4 kilomètres de longueur, selon une organisation architecturée. Si l'on sait aujourd'hui que ces pierres dressées (*menhir* en breton) furent érigées par des tribus du néolithique, sur une période allant de 4 500 à 2 000 avant J.-C., leur signification reste toujours obscure.

Trois alignements de pierres dressées

Les trois alignements de Kerlescan, de Kermario et du Ménec, qui forment l'ensemble de Carnac, constituent l'une des premières architectures monumentales de pierre d'Europe.
Le premier des alignements, celui de Kerlescan, près du village éponyme, regroupe cinq cent cinquante-cinq menhirs rangés sur treize lignes de 280 mètres de longueur. Ces files sont précédées à l'ouest d'une enceinte en arc de cercle, un cromlech de trente-neuf pierres. Dans un sous-bois, de petits menhirs presque jointifs forment une enceinte appelée le « quadrilatère du Manio », sorte de sanctuaire primitif. À proximité se trouve le plus grand menhir encore debout dans la région de Carnac, le « géant du Manio », de 6,50 mètres de haut. Avec la sépulture à entrée latérale, l'ensemble de Kerlescan se révèle être de très grande importance.
Les mille vingt-neuf menhirs de Kermario alignés sur dix files restent les témoins du néolithique moyen soit 3 000 ans avant J.-C. Toujours à Kermario, situé en bord de route, le dolmen à couloir était couvert d'un cairn de pierres lors de l'édification des menhirs. Ce type de dolmen date de 4 500 à 4 000 ans avant J.-C. À l'extrémité de cet alignement, au-delà de l'étang, l'ensemble du Manio, avec un grand menhir à gravures serpentiformes, marque l'emplacement d'un tertre tumulaire. Au sud-ouest, un dolmen complète l'ensemble.
Le dernier et le plus occidental des grands alignements se situe au Ménec. Il comporte une enceinte ovoïde à chaque extrémité, celle de l'ouest entourant le village d'origine médiévale. Les mille quatre-vingt-dix-neuf menhirs se répartissent en onze files, sur plus de 1 kilomètre de long.
Sur la route de La Trinité-sur-Mer, le tumulus Saint-Michel est vraisemblablement l'un des plus anciens monuments construits par l'homme, au moins 5 000 ans avant J.-C. Extraordinaire site d'observation, on découvre, de son sommet, la baie de Quiberon, Belle-Île et la presqu'île de Rhuys, les toits du bourg de Carnac et les alignements des menhirs de Kermario et du Ménec.
Symboles d'une énergie fabuleuse, ces mégalithes ont exercé une mystérieuse fascination sur des générations d'archéologues, d'écrivains et tout simplement de touristes amateurs de mystère. Calendrier solaire, symbole de virilité, champ des morts, culte des pierres et de la déesse Dana, les alignements de Carnac n'ont certainement pas été élevés par hasard. Toutes les hypothèses ont ainsi été évoquées depuis la grande vague de celtomanie du XIXe siècle et si, pendant longtemps, la croyance populaire attribua aux fées et aux géants l'origine des mégalithes, les archéologues hésitent aujourd'hui entre deux grandes interprétations.

Un haut lieu cérémoniel

Les travaux nécessaires à l'érection des menhirs devaient donner lieu à de vastes rassemblements, sans doute de mille à deux mille personnes.
Les techniques étant rudimentaires, seule une

Ces pierres, lien entre les vivants et les morts, fonctionnaient certainement comme des instruments de cohérence sociale de la tribu.

vaste entreprise collective sous l'autorité d'architectes et de grands prêtres devait permettre d'achever ces travaux de titans.
Des expériences réalisées sous l'autorité de Jean-Pierre Mohen à Bougon (Deux-Sèvres) ont montré que quelques centaines d'hommes, armés de simples haches de pierre et de bois, pouvaient parfaitement extraire une pierre de 32 tonnes, haute de plus de 5 mètres, la soulever et, à l'aide de cordes, de rondins et de leviers, la traîner sur plusieurs kilomètres et la dresser vers le ciel.
Par ailleurs, de récentes études archéologiques ont permis de rattacher l'histoire des alignements de Carnac aux évolutions intervenues au cours du néolithique, entre 4 500 et 2 500 ans avant J.-C. : leur mise en place eut lieu dans une période qui marqua le début de la vie sédentaire. Ainsi, le rôle cultuel des alignements de Carnac est généralement admis. On en déduit que Carnac fut dans l'Antiquité un haut lieu sacré, comme La Mecque ou Jérusalem aujourd'hui. On peut imaginer les grands rassemblements religieux que ces alignements ont dû attirer, en vue d'adorer la pierre, le Soleil, la Lune et les étoiles. Ces grands ensembles étaient des sanctuaires et peut-être même des lieux de pèlerinage.
Prolongeant cette idée, des ésotéristes celtes ont émis l'hypothèse que Carnac avait été un grand cimetière préhistorique, les menhirs tenant lieu de stèles funéraires. D'autres auteurs ont même décrit ces pierres comme des aiguilles cosmotelluriques, destinées à capter les énergies du ciel et de la Terre, suivant une sorte de culte des forces primitives.
Enfin, il est nécessaire de considérer les alignements de Carnac en fonction des autres monuments mégalithiques situés dans les alentours, en particulier des dolmens et des allées couvertes qui s'étendent sur une vaste zone allant de la rivière d'Étel au golfe du Morbihan et même au-delà. Le site de Locmariaquer est particulièrement riche en tertres de ce genre, dont ceux d'Er Grah, près de la célèbre Table des Marchands, et du Grand Menhir brisé dit *Men-er-Hroëck* (Pierre à la Fée). Et certains de ces monuments recèlent des dalles couvertes de gravures énigmatiques qui pourraient bien être les clés permettant l'ouverture des portes invisibles qui commandent un périple initiatique.
Le Grand Menhir brisé de Locmariaquer était assurément plus qu'un élément de décoration, plus qu'un défi aux lois de la pesanteur : signalé par les navigateurs de l'Antiquité comme une colonne qui borde l'océan, c'était en quelque sorte un phare cosmotellurique.

Dans la lande et la broussaille, certains menhirs sommeillent loin de l'agitation touristique. Les archéologues trouvent ainsi régulièrement des mégalithes enfouis sous les broussailles comme ce gisement de menhirs découvert à Carnac en mai 2006.

Un observatoire solaire… ou lunaire

Les deux plus beaux ensembles de menhirs, ceux de Kermario et du Ménec à Carnac, sont disposés dans l'axe du soleil au moment des solstices,

les prédisposant ainsi à des observations astronomiques. Ces pierres, lien entre les vivants et les morts, fonctionnaient certainement comme des instruments de cohérence sociale de la tribu. Kerlescan est orienté selon les levers de soleil à l'équinoxe, Kermario selon le lever au solstice d'été et Le Ménec selon les levers intermédiaires. Ainsi, certains spécialistes considèrent que la disposition des menhirs devait correspondre aux dates d'un calendrier liées aux principales phases du cycle agricole (printemps, été, automne, hiver), une activité économique déterminante pour ces anciens peuples.

Dans les années 1970, le professeur Alexander Thom, spécialiste d'astronomie mégalithique, suggéra même que Carnac pouvait être un observatoire lunaire, expliquant que le grand menhir de Locmariaquer, haut de 23 mètres, avait sans doute été la vigie d'un vaste réseau de pierres destiné à prédire les éclipses de lune. Plusieurs autres menhirs isolés, éloignés parfois de 15 kilomètres, comme celui de Quiberon, auraient servi de points de mire, correspondant à d'autres moments de la déclinaison lunaire. L'ensemble du système constituerait ainsi un véritable instrument d'observation et de prévision, propre à permettre, notamment, la prédiction des éclipses. Thom a remarqué également l'utilisation d'une unité de longueur mégalithique universelle en Europe occidentale, à laquelle il attribue la valeur précise de 0,8293 mètre. Il est malheureusement difficile de vérifier la validité de cette théorie dans la mesure où le site n'est pas intact, les alignements et les cromlechs placés à leur extrémité étant incomplets.

Aujourd'hui, des milliers de visiteurs curieux viennent contempler les menhirs qui défient le temps.

Symboles d'une énergie fabuleuse, les menhirs ont exercé une étonnante fascination sur des générations de curieux à travers le monde, et particulièrement en Allemagne, où le site de Carnac fut très en vogue à la fin du XIXe siècle, notamment chez les illustrateurs comme J.G. Vogt. Gravure sur bois extraite de *Illustrierte Weltgeschichte für das Volk* de J.G. Vogt, Ernst Wiest, 1893.

Des bruits de pas dans les couloirs déserts, des coups sourds semblant provenir des murs, une présence invisible et terrifiante et même... des objets qui se déplacent inexplicablement...

CI-DESSOUS ET PAGE DE DROITE : au centre de la forêt de Lyons, les ruines de l'abbaye cistercienne de Mortemer, perdues dans la vallée normande de Fouillebroc, incitent à des rêveries fantomatiques et aux promenades fantastiques. Dès la fin du XIXe siècle, l'abbaye de Mortemer a acquis la sulfureuse réputation d'abriter des fantômes. Aujourd'hui, un musée des légendes et des fantômes s'est installé dans les ruines de l'abbaye.

DOUBLE PAGE SUIVANTE : la sérénité de l'abbaye de Mortemer ne doit pas cacher les nombreuses manifestations paranormales qui ont perturbé et perturbent encore les couloirs et les chambres de l'abbaye. On dit en effet que c'est l'abbaye la plus hantée de France. Mathilde, la Dame blanche, errerait dans les ruines et autour des étangs les nuits de pleine lune. Des groupes de moines fantômes flotteraient aussi au-dessus de l'étang...

L'abbaye de Mortemer

Nourrie de légendes et d'histoire, l'abbaye cistercienne de Mortemer, fondée au XIIe siècle par Henri Ier dit « Beauclerc », quatrième fils de Guillaume le Conquérant, est l'une des plus grandes de Normandie. Est-ce sa situation au cœur de la forêt de Lyons et ses étangs brumeux qui imprègnent ses ruines d'un halo de mystère ? L'abbaye de Mortemer (*Mortum Mare*, mer morte) a assurément, depuis le Moyen Âge, la sulfureuse réputation d'abriter des fantômes... De nombreux témoins affirment en effet avoir constaté des phénomènes étranges : bruits de pas dans les couloirs déserts, coups sourds semblant provenir des murs, présence invisible et terrifiante et même objets qui se déplacent inexplicablement...

Mathilde, la Dame blanche

Mathilde est le premier fantôme à hanter l'abbaye. Petite-fille de Guillaume le Conquérant, impératrice du Saint-Empire puis reine d'Angleterre, elle fut la victime des traditions de son époque. Mariée à 12 ans au vieil empereur d'Allemagne Henri V, avant d'épouser plus tard Geoffroi Plantagenêt, de qui elle eut un fils prestigieux, Henri, roi d'Angleterre, Mathilde fut cloîtrée dans l'abbaye par son père, qui lui reprochait son libertinage. Cette punition lui aurait été si pénible qu'après sa mort, elle aurait décidé de hanter Mortemer, promenant sa silhouette fragile dans les longs couloirs de l'abbaye, plus particulièrement les nuits de pleine lune. On dit que celui qui voit Mathilde portant des gants noirs meurt dans l'année. Par contre, si elle porte des gants blancs, elle annonce un mariage ou une naissance à celui qui la rencontre.
Curieusement, cette histoire médiévale se mêla aux légendes locales quand, le 1er janvier 1884, Roger Saboureau, métayer, braconnant dans la forêt de Lyons, se retrouva face à une louve de belle taille. La peur au ventre, il la blessa mortellement et se sauva en abandonnant la bête. Le lendemain à l'aube, au même endroit, on découvrit, baignant dans son sang, le cadavre de sa propre femme. D'après la tradition populaire locale, sa femme était une « garrache », c'est-à-dire une femme ensorcelée qui, sous la forme d'une louve, traverse les campagnes et les forêts, les nuits de pleine lune.
Les phénomènes de hantise ne s'arrêtèrent pas là puisque, à la même époque, une autre affaire secoua l'abbaye. La bâtisse était devenue la propriété d'un bourgeois parisien, M. Delarue, qui s'y était installé avec sa femme et ses trois enfants. Un soir, la fille du maître des lieux entendit des bruits insolites dans sa chambre et éprouva la curieuse sensation d'être observée.

Un ouvrier agricole entendit toutes les nuits de son séjour, entre 11 heures du soir et 5 heures du matin, marcher dans le couloir de l'étage supérieur...

Pour expliquer les phénomènes de hantise de l'abbaye de Mortemer, la rumeur locale dit que le fantôme de l'abbaye est celui de Mathilde, emmurée au XIIe siècle par son père qui lui reprochait d'avoir une vie dissolue. Aujourd'hui, la Dame blanche rôde dans les ruines de l'abbaye et autour des étangs environnants.

Une autre nuit, la fiancée de Charles Delarue, le fils du propriétaire, déclara avoir passé la pire nuit de sa vie, les pincettes de la cheminée à la main, sans avoir fermé l'œil, tellement elle s'était sentie angoissée dans sa chambre en entendant des coups sourds dans les murs et en sentant une présence invisible terrifiante rôder autour de son lit.

D'autres phénomènes étranges eurent lieu avec, cette fois, de nombreux témoins, comme cet épisode où plusieurs jeunes gens et jeunes filles jouant au ping-pong au rez-de-chaussée virent la porte s'ouvrir lentement, la poignée tournant comme maintenue par une main fantôme.

Un jeune homme ayant plus de courage que les autres s'en approcha et quand il regarda dans le couloir, il ne vit personne mais sentit un grand souffle d'air glacé lui caresser le visage. Quelquefois, au matin, les habitants retrouvaient les voitures garées sous la remise recouvertes d'une étrange poussière blanche. Plus inquiétant, certains témoins prétendirent avoir découvert les tableaux du couloir du premier étage tournés contre le mur ou même reposant à terre sans être abîmés.

Toujours est-il que la famille Delarue fit exorciser l'abbaye en 1921, mais les témoignages continuèrent à s'accumuler tout au long du XXe siècle, attestant que l'abbaye était l'objet d'inquiétants phénomènes surnaturels. Voleurs, silhouettes sorties du passé, jeux de brume sur les étangs ? En 1965, un ouvrier agricole, qui travaillait dans l'abbaye et qui couchait dans une chambre du sous-sol, entendit toutes les nuits de son séjour, entre 11 heures du soir et 5 heures du matin, marcher dans le couloir de l'étage supérieur...

Le trésor des moines

Mais Mathilde ne serait pas le seul fantôme de l'abbaye. En effet, plusieurs témoins prétendent avoir croisé quatre moines errant entre le cellier et le pigeonnier, leurs visages cachés sous des coules noires. Il faut dire que ces derniers connurent une fin tragique pendant la Révolution française, les révolutionnaires les ayant pourchassés avant de les exécuter froidement tous les quatre dans le cellier, leur sang se mêlant au vin des tonneaux éventrés. Depuis, les moines se matérialiseraient pour venir en aide aux personnes en danger. Ainsi, on raconte l'histoire édifiante de ce parachutiste britannique tombé non loin de l'abbaye sous l'occupation allemande. Sans repères, tâtonnant dans l'obscurité, il fut soudain pris en charge par un moine fantôme qui lui fit signe de le suivre,

Mathilde, la Dame blanche, rôde toujours dans les ruines de l'abbaye et autour des étangs voisins, en compagnie de moines paillards, formant une redoutable compagnie de spectres.

le menant à la ferme où l'attendait un réseau de résistance.
Certains prétendent que les moines reviennent de l'au-delà pour révéler au monde où se cache leur trésor... car quelque part, à l'ombre de ces ruines, reposeraient leurs richesses accumulées dans l'abbaye depuis 1134. Ces religieux très riches possédaient en effet 5 000 hectares dont ils tiraient des revenus importants, sans oublier les dons qu'on leur faisait. Où se trouve cette fabuleuse fortune ? Les spécialistes considèrent que le trésor n'a pas été enterré ni même dissimulé dans les murs, car les Cisterciens étaient convaincus que l'édifice serait détruit tôt ou tard.

Ci-contre : statue de la Vierge allaitant son enfant, dans le sous-sol de l'abbaye de Mortemer.

Page de droite, en haut : dans le musée de l'abbaye, on peut admirer le gisant d'Henri II Plantagenet créé par Vytas Kraujelis. Il s'agit d'une copie. L'original repose à l'abbaye royale de Fontevraud.

Page de droite, en bas : de nombreux tableaux ornent les murs du musée de l'abbaye, souvent les portraits de personnes ayant habité l'abbaye.

Des hypothèses parapsychologiques

On peut rire de tous ces phénomènes, croire que ce sont des histoires inventées de toutes pièces pour faire peur, chasser un locataire ou un propriétaire, ou bien pour attirer les touristes séduits par de sombres histoires gothiques.
Pourtant, certains chercheurs se sont penchés sérieusement sur ces phénomènes. Ainsi, dans *les Phénomènes de hantise*, Ernest Bozzano émet deux hypothèses pour expliquer les histoires de fantômes.
Tout d'abord, l'hypothèse dite « spirite », qui attribue les manifestations de fantômes aux désincarnés : les pas qui allaient et venaient lentement mais fermement dans le couloir de l'étage de l'abbaye, sur lequel donnaient toutes les chambres, s'expliqueraient par l'intervention d'un mort ou d'une morte.
Par ailleurs, l'hypothèse télépathique ou psychométrique, qui permet d'expliquer les phénomènes sans avoir recours à l'hypothèse de l'immortalité de l'âme : il s'agirait dans ce cas d'une projection télépathique de pensées intenses des vivants, le fameux fantôme des vivants. Ainsi, les phénomènes de hantise de l'abbaye de Mortemer n'exprimeraient pas directement la présence de morts qui reviendraient, mais seraient plutôt des projections télépathiques de vivants en proie à certaines obsessions morbides associées au lieu particulièrement impressionnant. Ce que les parapsychologues allemands des années 1970 ont nommé *Poltergeist* (esprit frappeur), terme qui désigne un ensemble de phénomènes psychokinétiques, comme la chute ou le déplacement d'objets, des bruits, des sonneries, des lumières qui s'allument ou s'éteignent subitement, des vitres qui se brisent, autant de phénomènes que l'on retrouve à Mortemer. On a constaté que ces phénomènes se produisaient

essentiellement dans des lieux et des maisons habités par un adolescent. Il serait alors possible que la puberté soit une phase critique durant laquelle, soumis à des changements sexuels puissants, l'inconscient de l'adolescent soit profondément modifié. Facteur aggravant, si le sujet a reçu une éducation particulièrement rigide, il arrive qu'il produise une agressivité inconsciente qu'il ne peut extérioriser que par une force paranormale incontrôlable.
Cette théorie s'appuie sur le fait qu'une fois la personne sortie de l'adolescence, plus aucun phénomène de ce genre ne se produit.
Depuis 800 ans, l'abbaye de Mortemer est hantée et aujourd'hui, les manifestations surnaturelles y sont toujours aussi fréquentes... Les initiés savent que Mathilde, la Dame blanche, rôde toujours dans les ruines de l'abbaye et autour des étangs environnants, en compagnie de moines paillards, formant une redoutable compagnie de spectres...

En quatre siècles, la capitale française est devenue l'un des hauts lieux de l'ésotérisme mondial, attirant de mystérieux adeptes de l'occultisme.

Paris ésotérique

Paris est considéré comme la Ville lumière. On le connaît moins comme ville ésotérique, ville des alchimistes, des mages, des spirites et des sociétés secrètes. Et pourtant, en quatre siècles, la capitale française est devenue l'un des hauts lieux de l'ésotérisme mondial, attirant de mystérieux adeptes de l'occultisme.

L'ésotérisme parisien obéit à une géographie précise, car chaque réseau occupe un territoire différent : le Paris alchimique s'enflamme pour Nicolas Flamel entre la Seine et le Marais ; le Paris occultiste et spirite opère entre l'avenue de Trudaine et le cimetière du Père-Lachaise ; et enfin, le nouveau Paris gothique cherche la compagnie de Belzébuth entre l'île Saint-Louis et le Quartier latin.

Page de droite : la maison de l'alchimiste médiéval Nicolas Flamel est une étape incontournable pour tous les amateurs de sites alchimiques parisiens. Sa façade est sculptée de personnages barbus, coiffés de bonnets pointus et d'étranges symboles gothiques qui sont, pour la plupart, effacés. On peut néanmoins y distinguer la devise alchimique suivante : *« Ora et labora »* (Prie et travaille).

Ci-contre : ce détail ésotérique, sculpté sur un pilier de la façade de la maison de Nicolas Flamel, rappelle que l'alchimie ainsi que l'astrologie étaient très populaires au Moyen Âge et faisaient partie de la vie quotidienne des habitants des grandes villes.

Paris alchimique

Écrivain public et alchimiste français du XIVe siècle, Nicolas Flamel est connu pour avoir effectué des recherches sur la pierre philosophale. Ayant une charge de libraire-juré-écrivain, il avait ouvert une échoppe, La Fleur de lys, près de l'église Saint-Jacques-de-la-Boucherie (l'actuelle tour Saint-Jacques). Les sources de sa fortune restent mystérieuses, certains chroniqueurs l'ont soupçonné d'avoir pratiqué la spéculation immobilière et l'usure. On pense également que Nicolas Flamel, aidé par sa femme Pernelle, accueillait des malades et les soignait. On peut d'ailleurs toujours lire l'inscription sur sa maison construite en 1407 au 51, rue de Montmorency, qui invitait les pauvres à se présenter à eux : « Nous homes et femes laboureurs demourans ou porche de ceste maison qui fut faite en l'an de grâce mil quatre cens et sept somes tenus chascun en droit soy dire tous les jours une paternostre et un ave maria en priant Dieu que sa grâce face pardon aus povres pescheurs trespasses Amen. »

D'après la légende, Nicolas Flamel aurait acquis en 1357, pour deux florins, un ouvrage relié de cuivre, intitulé *le Livre d'Abraham le Juif*, constitué de vingt et un feuillets contenant des textes alchimiques. Aidé de son épouse, il passa près de vingt ans, le soir, à déchiffrer l'ouvrage, mais ses tentatives échouèrent. En 1378, il rencontra à Saint-Jacques-de-Compostelle un vieux médecin juif converti, Maître Canches, qui l'accompagna lors de son retour vers Paris et lui livra en chemin diverses clés d'interprétation. Malheureusement, Canches trépassa en route, à Orléans, sans avoir atteint Paris ni vu le manuscrit détenu par Flamel.

Ce dernier utilisa cependant les méthodes que lui avait enseignées le vieux médecin et, le 25 avril 1382 à 5 heures du soir, il parvint enfin à transmuter du mercure en or : « Je fis la

MAISON DE NICOLAS FLAMEL
ET DE PERNELLE SA FEMME
POUR CONSERVER LE SOUVENIR
DE LEUR FONDATION CHARITABLE
LA VILLE DE PARIS A RESTAURÉ EN 1900
L'INSCRIPTION PRIMITIVE
DATÉE DE 1407
51
Flamel
datant de 1407
Gastronomique

Nicolas Flamel aurait-il découvert le secret de la pierre philosophale, permettant de changer les métaux en or ? Le mystère reste entier...

projection avec de la pierre rouge sur semblable quantité de mercure [...] que je transmuay véritablement en quasi autant de pur or, meilleur certainement que l'or commun plus doux et plus ployable. »
A-t-il obtenu le secret de la pierre philosophale, permettant de changer les métaux en or ? Rien ne le prouve. Flamel mourut le 22 mars 1417 ; sa maison et sa tombe furent alors saccagées, sans que l'on trouvât la pierre philosophale.
À quelques vols de corbeau de là, la cathédrale Notre-Dame est devenue un sanctuaire alchimique pour les initiés, qui interprètent des symboles alchimiques dans ses sculptures. Par exemple, sur le portail central, le trumeau partageant l'entrée offre, selon certains, une allégorie de l'alchimie. Une femme, la tête dans les nuages, tient un livre fermé (ésotérisme) et un autre ouvert (exotérisme), les neuf degrés de l'échelle évoquant les neuf opérations de l'œuvre hermétique.
Il s'agit là d'un des emblèmes majeurs de l'art sacré, qui a notamment intéressé les deux écrivains alchimistes majeurs du XXe siècle, Fulcanelli et son disciple Eugène Canselier.
Du pied de la cathédrale, il est possible de faire tout un parcours hermétique en commençant par le musée de Cluny, avec ses tapisseries de la Dame à la licorne et la pierre tombale de Nicolas Flamel, et en terminant par l'église Saint-Méry, construite durant la Renaissance par une confrérie d'hermétistes et dont le porche est surmonté du diable Baphomet.

Paris occultiste

Tout commença en 1778, quand le médecin allemand Franz Anton Mesmer s'installa à Paris, où il ouvrit un étrange cabinet place Vendôme. Cet ami de Mozart et de Marie-Antoinette prétendait qu'il existait une influence mutuelle entre les corps célestes, la Terre et les corps animés qui se transmettrait au moyen du fluide magnétique. Ce fluide, soumis à des lois mécaniques jusqu'alors inconnues, active l'organisme par le canal des nerfs, s'accumule et se transmet chez l'homme en utilisant divers procédés comme les passes et les attouchements, ou à l'aide d'une baguette de fer. Par ces moyens, il est possible de guérir les maladies et tout aussi efficacement les maladies nerveuses. Au milieu de la foule, Mesmer, vêtu d'un habit de soie lilas, se promenait dans la salle capitonnée et magnétisait avec le concours d'assistants. Il choisissait toujours jeunes et beaux les valets toucheurs qui travaillaient avec lui (sous ses ordres) à la prise en charge de ses patients. Une ambiance musicale – un piano-forte ou un harmonica – créait l'atmosphère.
En 1780, la technique de Mesmer est acceptée par certains membres de la profession médicale.
Il convertit Carles d'Eslon, un des régents de la faculté de médecine, mais divise Paris en mesmériens et antimesmériens. Selon Bailly, rapporteur de la Commission chargée par le roi, en 1784, de l'examen du magnétisme animal, voici comment opérait Mesmer : « Au milieu d'une grande salle [...] se trouve une caisse circulaire en bois de chêne : le baquet. Dans l'eau [...] sont immergés de la limaille de fer, du verre pilé et d'autres menus objets. Le couvercle est percé d'un certain nombre de trous d'où sortent des branches de fer, cordées et mobiles, que les malades doivent appliquer sur les points dont ils souffrent... L'influence magnétique se fait sentir. Quelques malades sont calmes et n'éprouvent rien. D'autres toussent, crachent, sentent quelques légères douleurs et ont des sueurs. D'autres sont agités par des convulsions extraordinaires. »
Si les Français accueillirent Mesmer favorablement, les autorités le condamnèrent pour charlatanisme. La commission Mesmer dénia tout

La construction de Saint-Sulpice commença en 1645. Aujourd'hui, cette église dont le sol et les murs abriteraient des messages cryptés, est devenue le rendez-vous privilégié des amateurs d'énigmes religieuses. *Saint-Sulpice*, gravure sur acier, Edward Finden, 1820, d'après un dessin de Robert Batty, Paris, collection particulière.

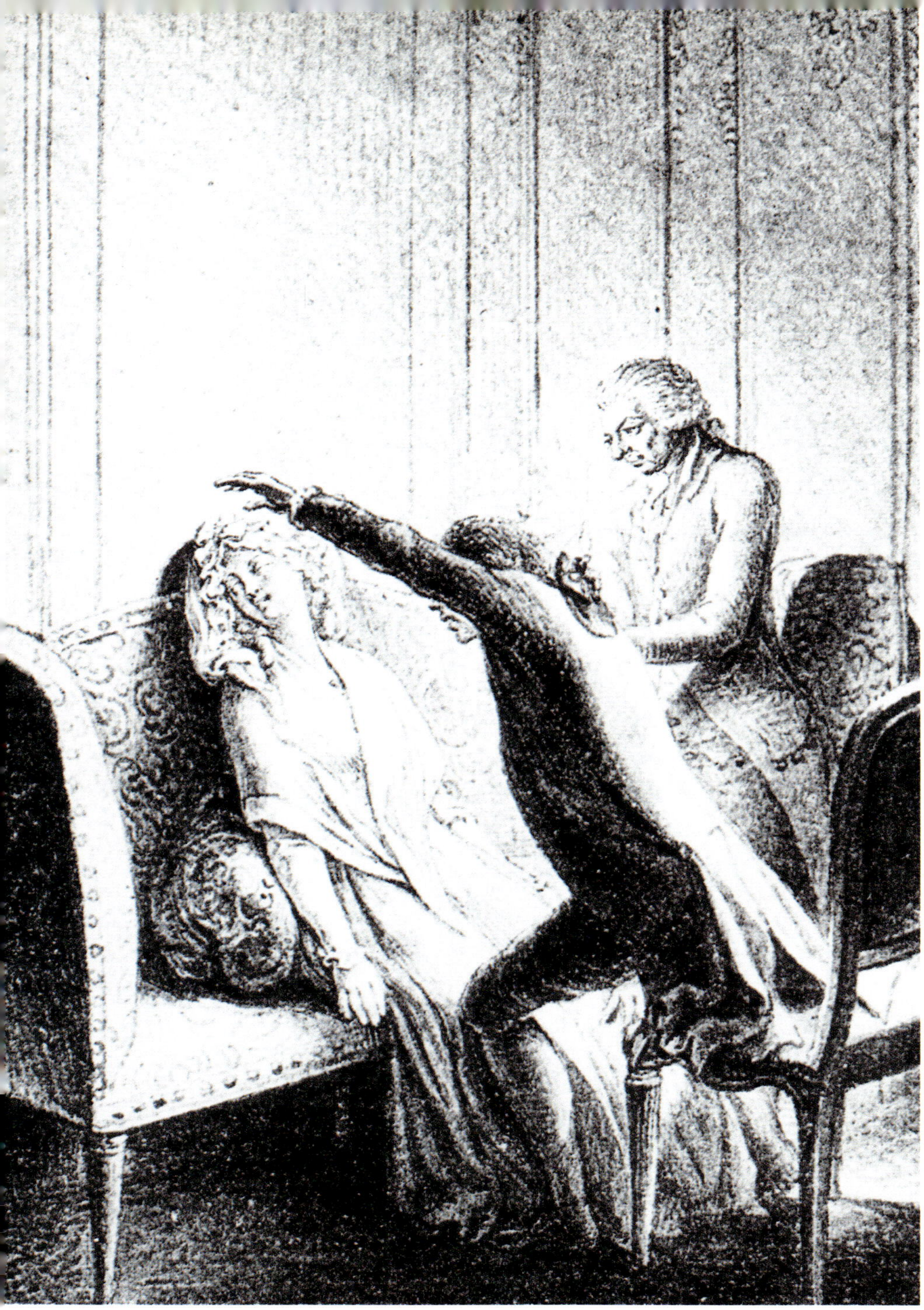

L'hypnose fut, au XVIIIe et au XIXe siècle, une pratique médicale. Progressivement rejetés par l'Académie de médecine, les hypnotiseurs vont devenir des artistes qui se produiront dans les foires et les salles de variétés.
The Hypnotist, Daniel Chodowiecki, 1790.

aspect scientifique à ses techniques en concluant : « L'imagination sans magnétisme produit des convulsions... Le magnétisme sans l'imagination ne produit rien. » Désavoué, Mesmer quitta la France en 1784. Pourtant, ce fut le mesmérisme qui ouvrit les portes de la médecine psychosomatique et de l'hypnose. Mesmer, héritier de Paracelse, ouvrait la voie à Charcot.

C'est au XIXe siècle que l'occultisme va connaître à Paris un essor considérable avec Eliphas Lévi et Stanislas de Gaïta. Le premier, de son vrai nom Alphonse Louis Constant, fut le créateur de l'occultisme moderne. Démocrate progressiste et croyant, il s'inspira aussi bien de la gnose chrétienne et de la tradition égyptienne que de la Cabale juive pour écrire des livres sur la magie, dont le fameux *Dogme et Rituel de la haute magie*, et s'engager contre l'autocratie des rois et de Napoléon III.

Le second, Stanislas de Gaïta, était une sorte d'ermite qui s'était retranché dans son rez-de-chaussée du 20, avenue Trudaine, où il avait créé un oratoire ésotérique, et qui ne sortait que la nuit. Ayant fait renaître le mouvement rosicrucien, dont l'origine remontait au début du XVe siècle, ce fondateur de l'ordre kabbalistique de la Rose-Croix écrivit des textes sulfureux comme *le Temple de Satan* et *le Serpent de la Genèse*.

Il y eut beaucoup d' « initiés » dans le voisinage : Villiers de L'Isle-Adam, au 45, rue Fontaine ; le très énigmatique Fulcanelli, auteur des *Mystères des cathédrales*, au 59, rue Rochechouart ; Sédir, le fondateur des Amitiés spirituelles, et Allan Kardec, le père du spiritisme, au 8, rue des Martyrs. De son vivant, Hippolyte-Léon Denizard, plus connu sous le pseudonyme d'Allan Kardec, habitait au 8, rue des Martyrs. Ancien régisseur aux Folies-Marigny, il eut sa première révélation au 18, rue de la Grange-Batelière, chez M. de Plainemaison, qui se fit le propagateur de doctrines venues d'Amérique consistant à faire parler des tables « tournantes, sautantes et courantes ». Auteur du célèbre *Livre des esprits*, Allan Kardec est toujours l'objet d'un culte de la part de fervents qui viennent du monde entier méditer et recueillir des énergies sur sa tombe au cimetière du Père-Lachaise.

Aujourd'hui, le Paris occultiste est toujours très actif. On répertorie une centaine de groupes ésotériques, new age, vaudous, spirites, cabalistiques et autres groupuscules initiatiques qui produisent conférences, séminaires et revues destinés à un large public. Ainsi, l'association Atlantis, qui se réfère au mythe de l'Atlantide et à l'hypothétique tradition religieuse des Atlantes, analyse l'évolution de la civilisation occidentale d'un point de vue spirituel et annonce l'arrivée salvatrice de l'ère du Verseau (Aquarius). On peut citer aussi l'ordre Martiniste, qui publie une revue ésotérique, *l'Initiation ou Cahiers de documentation ésotérique traditionnelle*, qui perpétue les enseignements gnostiques du célèbre docteur Gérard Encausse, dit « Papus », figure emblématique de l'ésotérisme français du début du XXe siècle. Aujourd'hui, le Cercle Philippe Encausse, traversé par les courants hermétistes tels que l'alchimie, la kabbale, le rosicrucisme et l'illuminisme, rassemble les chercheurs intéressés par le courant traditionnel occidental issu de la gnose des premiers siècles de l'ère chrétienne.

Les nouveaux mystères de Paris

Depuis le début du XXIe siècle, Paris suscite à nouveau l'intérêt d'amateurs de curiosités ésotériques. Dans ce bouillon de culture occulte se distinguent quelques activités particulièrement révélatrices du nouvel engouement pour l'insolite et le paranormal. Très tendance, les repas ufologiques parisiens traitent, sous forme de conférences interactives avec le public, de sujets aussi vastes que l'origine des ovnis, les abductions, les civilisations extraterrestres ou les rencontres du troisième type et autres mystères archéoastronomiques. Plus funèbres, les visites spirites du Père-Lachaise organisées par Vincent de Langlade, grand spécialiste des tombes légendaires, attirent de nombreux curieux séduits par les histoires étranges qui courent le long des mausolées. Plus gothique, le Halo de Lutèce, un cercle confidentiel de dandys, fait la promotion du vampirisme esthétique, s'inspirant du mouvement new-yorkais *Sabretooth*. Enfin plus scientifique, l'Institut métapsychique international, fondation reconnue d'utilité publique depuis 1919, se consacre à l'étude rationnelle des phénomènes paranormaux (télépathie, télékinésie, précognition, perceptions extrasensorielles) et organise des conférences et des expériences dans le but de relancer la recherche parapsychologique en France. Enfin, comment ne pas évoquer le regain considérable de notoriété que connaissent l'église Saint-Sulpice et la pyramide du Louvre depuis la parution en 2004 du roman ésotérique de Dan Brown *Da Vinci Code* ? L'auteur de ce best-seller affirme en effet que l'église Saint-Sulpice fut

EN HAUT : cette affiche de 1887 vante les talents du professeur Carmelli pour son spectacle de magie noire au musée Grévin. Très populaire, ce type de spectacles attirait souvent des milliers de spectateurs.

EN BAS : Allan Kardec, le pape du spiritisme, est enterré au Père-Lachaise. Aujourd'hui encore, les adeptes de cette pratique occulte viennent méditer et capter des énergies sur sa tombe.

DOUBLE PAGE PRÉCÉDENTE : la pyramide du Louvre, conçue par l'architecte Ieoh Ming Pei, est devenue un symbole solaire, irradiant Paris par sa beauté lumineuse et son architecture symbolique. Elle a sucité de nombreuses interprétations ésotériques et occultistes...

CI-CONTRE : seul vestige de l'ancienne église Saint-Jacques-de-la-Boucherie, la tour Saint-Jacques a fait rêver des générations de poètes et de peintres, notamment les romantiques et les surréalistes. Le sommet de ce symbole du Paris mystérieux, est couronné par les statues monumentales de saint Jacques et des quatre évangélistes (représentés par quatre animaux).

le repère d'une confrérie protégeant le Graal et que son sol est criblé de messages symboliques. Quoi qu'il en soit, il est exact que l'église recèle un élément étrange en son sein : un gnomon du XVIIIe siècle. Il s'agit d'un instrument de mesure astronomique, formé d'une tige verticale projetant l'ombre du Soleil ou de la Lune sur un écran horizontal, permettant ainsi de mesurer leur hauteur au-dessus de l'horizon. Celui-ci est constitué d'un obélisque de marbre blanc de 10 mètres de hauteur, surmonté d'une sphère dont descend une ligne de cuivre jusqu'au sol. Cette ligne est censée représenter le méridien de Paris. On dit qu'elle n'est pas tout à fait exacte. Elle date tout de même de 1722. Pour découvrir ce gnomon et en profiter pour marcher sur les pas des héros du *Da Vinci Code*, il faut se rendre dans l'aile gauche du transept de Saint-Sulpice, de préférence lorsque le soleil est à son zénith ; ses rayons entrent alors par un orifice situé dans une fenêtre du transept nord et se déplacent dans la largeur de l'église jusqu'au sommet de l'obélisque.
Quant à la pyramide du Louvre, elle concentre depuis sa création tous les fantasmes occultistes, considérée successivement comme un haut lieu sacré, un temple sataniste et un éperon cosmique. Si tout le monde a entendu parler de Belphégor, le fantôme tueur qui rôderait dans la galerie des dieux barbares, peu de gens savent que la pyramide du Louvre est considérée par un groupe d'initiés, les Frères de l'Arche, comme une sorte d'aiguille cosmotellurique qui attirerait de mystérieuses forces. En effet, édifiée au centre d'une sorte de cromlech fait de monuments prestigieux modernes dont le rayon serait délimité par le menhir que constitue l'obélisque de la Concorde, la pyramide serait placée dans l'alignement du vieux méridien zéro de Paris, lui conférant ainsi un tellurisme positif intense.

Pour certains, la pyramide serait satanique, comportant 666 losanges de verre... La rumeur, lancée dès la construction du monument en 1988 fut très vite démentie : 673 dalles de verres ont été utilisées pour construire l'édifice. Ce fantasme satanique persiste pourtant, repris par exemple par Dan Brown dans le *Da Vinci Code*.
Surfant sur la vague du surnaturel, des tour-opérateurs organisent même des balades mystérieuses, à la recherche des Templiers dans

le Marais et des alchimistes autour de la tour Saint-Jacques.
Un dernier site, plus catholique celui-là, la Chapelle miraculeuse, située au 140 de la rue du Bac, attire également la curiosité des amateurs d'ésotérisme. En effet, de nombreux pèlerins venus du monde entier visitent ce lieu de culte. La Vierge y serait apparue durant l'hiver 1827. Catherine Labouré, une jeune paysanne qui rejoignait les Filles de la Charité, priait dans la chapelle quand, soudain, elle aperçut une femme habillée d'une robe de soie blanc aurore.
Les apparitions cesseront en 1830, mais depuis 1832, on vend une médaille rappelant l'événement. Catherine Labouré fut béatifiée en 1947.
Ainsi, Paris est, depuis le Moyen Âge, un haut lieu du merveilleux, ayant su attirer les aventuriers de l'occulte pour le plus grand plaisir des amateurs de mystères, ouvrant toutes grandes les portes du rêve et de l'imaginaire.

« À flanc d'abîme, construit en pierre philosophale,
s'ouvre le château étoilé. » **André Breton, *l'Amour fou***

Au pays des alchimistes

Page de droite : une plongée dans l'atmosphère énigmatique d'un laboratoire où s'accumulent les ustensiles de la recherche solitaire. L'alchimiste, vieil homme en robe d'intérieur coiffé d'une calotte, soutenu par les assistants en tablier, attise le feu à l'aide d'un soufflet, surveillant le four du feu éternel, « l'Athanor ». *L'Alchimiste*, David Teniers le Jeune, 1610-1690, musée Bonnat, Bayonne.

Selon la philosophe Françoise Bonardel : « L'alchimie répond à un désir profond et universel de l'homme : le désir de maîtriser et transformer la matière. » Remontant à Hermès, un roi prépharaonique d'Alexandrie, l'alchimie s'est répandue dans l'Occident médiéval à la faveur des conquêtes arabes, favorisant l'émergence d'étranges chercheurs, les alchimistes. Ceux-ci, animés par une profonde quête spirituelle, ont sculpté leurs secrets dans la pierre des châteaux et sur les frontons des églises, créant ainsi d'étonnants grimoires de pierre dont les messages restent à ce jour inviolés.

Ci-contre : dans cette planche du *Mutus Liber* (livre muet), un des livres de référence en matière d'alchimie, un couple d'alchimistes (le bélier et le taureau) tord une toile afin d'en extraire de la rosée. Cette rosée, qui contient des substances particulières (sels), servira pour commencer les travaux alchimiques et les distillations du mois de mai.

Une tradition de faiseurs d'or

Héritiers de savoirs millénaires, les alchimistes médiévaux sont entrés dans la légende sous l'apparence de vieux magiciens barbus faiseurs d'or mais aussi comme des charlatans qui hantaient les cours princières européennes. Les traditions populaires en ont fait des êtres inquiétants, des fous à la poursuite de chimères, en tout cas des individus étranges, penchés sur leurs cornues et leurs creusets à la recherche de l'élixir de longue vie et de la transmutation des métaux vils en or.

À la fois teinturiers, forgerons et philosophes, ces hommes firent, au cours de leurs manipulations, d'importantes découvertes que les chimistes utiliseront à la période moderne. Ainsi, le médecin et alchimiste Arnaud de Villeneuve (1240-1313), qui opéra une transmutation en 1286 à Rome, découvrit par distillation les propriétés de la térébenthine. Plus tard, au début du XIVe siècle, Raymond Lulle perfectionna les procédés de distillation des alcools, découvrant au passage l'acide nitrique et l'acétone ; Basile Valentin, à qui l'on attribue la formule VITRIOL (*Visita Interriorium Terrae Rectificandioque Invenies Occultum Lapidem* : Visite l'intérieur de la Terre et en rectifiant tu trouveras la pierre cachée des sages), découvrit les acides chlorhydriques. Enfin, Paracelse, le maître de la philosophie naturelle, de son vrai nom Théophraste Bombats von Hohenheim, découvrit les vertus de l'homéopathie à partir de ses travaux sur la distillation.

C'est le comte de Saint-Germain qui fut à l'origine du renouveau de l'alchimie au milieu du XVIIIe siècle, fascinant le roi Louis XV par ses talents multiples d'alchimiste, de thaumaturge et d'artiste. En des temps où l'illuminisme s'opposait encore au rationalisme naissant, l'étendue de ses connaissances et une fortune prodigieuse en or et en diamants, associées à une apparence de jeunesse éternelle, lui valurent la réputation d'initié très avancé dans la quête du grand œuvre. Hébergé un temps au château

Les opérations alchimiques obéissent à un protocole précis, au cours duquel les adeptes utilisent un creuset pour écraser la matière première ainsi que des ballons et des appareils distillatoires pour réaliser leurs expériences. Selon les traités alchimiques, il est nécessaire de travailler au four, de préférence lors de la pleine lune, et d'avoir un ciel dégagé, au printemps. Si tout se passe bien, les alchimistes obtiennent alors un mercure : la pierre philosophale. Bibliothèque nationale, Paris.

de Chambord par Louis XV, il présenta un jour à madame d'Urfé son élixir de longue vie. Tout au long du XIXe siècle, la vogue de l'alchimie va s'étendre dans les salons bourgeois, se mélangeant à des doctrines étranges comme l'occultisme.

Les anciens alchimistes décrivaient la pierre philosophale comme une substance saline et cristalline. Au Moyen Âge, le Parisien Nicolas Flamel soutenait qu'il s'agissait d'une poudre rouge. L'alchimiste Raymond Lulle la décrira ainsi à l'un de ses disciples : « D'une once de cette poudre de projection, blanche ou rouge, tu feras des soleils en nombre infini et tu transmueras en Lune toute espèce de métal… »

Au début du XXe siècle, selon Fulcanelli, la pierre philosophale se présente sous la forme d'une gogue de châtaigne dont le noyau est rouge rubis. Elle sert à transformer le plomb en or et à fabriquer l'élixir de longue vie. Des groupes de chercheurs se forment autour de l'écrivain ésotériste René Guénon, l'occultiste Papus, l'égyptologue Schwaller de Lubicz, le dessinateur Jean-Julien Champagne, le libraire Pierre Dujols, le jeune Eugène Canselier avec, au centre de cette confrérie informelle, un personnage emblématique et mystérieux, Fulcanelli, auteur de plusieurs essais qui font toujours référence : *les Demeures philosophales* et *le mystère des cathédrales*, entre autres. Les chroniqueurs se demandent encore si ce Fulcanelli, frère d'Héliopolis, a vraiment trouvé la pierre philosophale au cours d'une fameuse transmutation en 1922 à l'usine à gaz de Marseille. Serait-il réapparu à Canselier, son fils spirituel, à Séville, en 1952, sous l'apparence d'un homme de 40 ans alors qu'il aurait eu plus de 113 ans ?

Quatre demeures philosophales

Afin de préserver leurs découvertes et d'éviter d'inutiles persécutions de la part de l'Église catholique, les grands initiés ont transmis au fil des siècles leurs secrets dans une langue codée, les sculptant dans la pierre de certains châteaux, répartis un peu partout sur le territoire français. On y reconnaît souvent des emprunts à l'Ancien et au Nouveau Testament et à la mythologie grecque ou romaine, l'ensemble illustrant les différentes phases des opérations alchimiques en laboratoire et le cheminement spirituel de l'adepte.

À Bourges, l'hôtel Lallemant, édifié vers 1500, est considéré comme l'une des demeures philosophales les plus achevées de France. Dès le porche d'entrée entièrement orné de bas-reliefs symboliques, le visiteur est accueilli par un alchimiste sculpté dans un pilier. Mais le chef-d'œuvre de l'hôtel Lallemant est son fameux oratoire. Il s'agit d'une petite pièce d'à peine 12 mètres carrés dont le plafond est orné de trente caissons aux étranges sculptures. Ces caissons sculptés représentaient des symboles cachés, nécessaires à la fabrication de la pierre philosophale.

Autre temps, même mystère alchimique au château de Dampierre-sur-Boutonne. La tradition orale de la petite ville de Dampierre rapporte qu'un alchimiste a travaillé dans ce château charentais entre 1545

et 1550. Cet adepte de l'art royal aurait ainsi inspiré la décoration symbolique, ornant le plafond de la galerie du premier étage du château, décoration composée de quatre-vingt-treize caissons illustrant des symboles hermétiques, figures géométriques et scènes allégoriques, accompagnés de devises latines. En Vendée, le château de Terre-Neuve, construit au XVIe siècle par Nicolas Rapin, grand prévôt de la Connétablie de France, et rénové par Octave de Rochebrune (1824-1900), est considéré comme une authentique demeure alchimique, c'est-à-dire un lieu abritant des peintures et des objets sculptés cachant, sous forme de symboles, le secret de la fabrication de la pierre philosophale. Ainsi, le grand salon du château est dominé par une monumentale cheminée qui fut rapportée du château de Coulonges-d'Autize par Octave de Rochebrune. On sait que c'est Louis d'Estissac, gouverneur du Poitou, qui, à la Renaissance, demanda à Philibert Delorme de symboliser sur cette cheminée les grandes phases qui président à la réalisation de la pierre philosophale. Cette cheminée est ainsi entièrement revêtue d'un décor que les alchimistes interprètent comme une série de symboles relatifs à la réalisation du grand œuvre. Elle porte notamment sur son fronton la parabole des alchimistes, inspirée de Sénèque : *Nascendo quotidie morimur* (En naissant, nous mourons chaque jour).
Enfin, on peut citer dans le Lot, le château de Cénevières, sans doute l'un des plus beaux châteaux de la Renaissance dans le Sud-Ouest, qui abrite un curieux cabinet d'alchimie. C'est une simple pièce orientée vers le lever du soleil dont les quatre murs sont décorés de peintures murales polychromes du XVIe siècle et qui possède en son centre un athanor, le fameux fourneau où les alchimistes faisaient cuire leur matière première pour obtenir la pierre philosophale. Le message de l'ensemble pictural évoque des scènes liées à la mythologie grecque et semble être un programme destiné à l'alchimiste qui habitait le château.

Les alchimistes ont utilisé, pour leurs opérations de laboratoire, des grimoires et des traités souvent cryptés. Enluminés, ces documents étaient écrits dans une langue savoureuse, la fameuse langue des oiseaux, souvent incompréhensible pour les non-initiés. Ici, le manuscrit de *l'Alchimie* de Nicolas Flamel (1330-1418).

Les grandes énigmes historiques

Aujourd'hui encore, des chercheurs de trésors prospectent toujours aux alentours du village de Rennes-le-Château, souvent accompagnés de fervents amateurs d'occultisme et de confréries secrètes.

L'étrange domaine de l'abbé Saunière

Le petit village de Rennes-le-Château, perché sur une colline dominant la région du Razès, abrite une église qui cache l'une des plus grandes énigmes ésotériques du XXe siècle. Ornée d'étranges symboles, notamment un diable terrifiant, elle reste à jamais liée au destin de celui qui l'a restaurée au début du XXe siècle, l'énigmatique abbé Bérenger Saunière. Aujourd'hui encore, des chercheurs de trésors prospectent toujours aux alentours du village, souvent accompagnés de fervents amateurs d'occultisme et de confréries secrètes.

Double page précédente : grimaçant, Asmodée, le diable des cruautés et des trésors cachés, accueille les visiteurs à l'entrée de l'église de Rennes-le-Château. Sa présence dans un lieu saint reste une énigme. Quel est le message que l'abbé Saunière a voulu transmettre ? Certains ésotéristes considèrent que la présence du diable symbolise la tentation à laquelle est soumis chaque homme, d'autres considèrent que la présence d'Asmodée est un remerciement au démon des trésors pour avoir trouvé des pièces d'or.

Ci-contre : l'église de Rennes-le-Château est dédiée à Marie-Madeleine, qui fut une disciple du Christ. Elle fut l'une des dernières à l'accompagner dans son supplice et surtout le seul témoin de sa résurrection. D'où les interrogations à propos de sa proximité avec le Christ…

Page de droite : à la fin du XIXe siècle, l'église de Rennes-le-Château fut entièrement rénovée par l'abbé Bérenger Saunière. C'est dans un des piliers de l'église qu'il découvrit des parchemins et une marmite pleine d'or sous la dalle des chevaliers.

Une curieuse découverte

C'est à Rennes-le-Château que le jeune abbé Bérenger Saunière prit, en juin 1885, ses fonctions de curé de village. Cette ancienne capitale du royaume des Wisigoths, perchée sur un promontoire rocheux, dominant la vallée de l'Aude et de Sals, n'était plus qu'un nid d'aigle oublié de tous et à peine peuplé de trois cents habitants. La nomination de l'abbé Saunière à Rennes-le-Château était une sanction car ce jeune professeur au séminaire de Narbonne venait d'être rétrogradé pour indiscipline. De nature insolente, indépendant et intégriste, l'abbé Bérenger Saunière était farouchement antirépublicain.

À son arrivée, Bérenger Saunière découvrit l'église Sainte-Marie-Madeleine dans un état de délabrement avancé. Les voûtes s'affaissaient sous le poids d'une toiture en ruine et l'eau tombait sur la tête des fidèles lors des offices. Le presbytère, dans lequel il aménagea ses appartements, était dans un état encore plus déplorable, envahi même par des poules.

Devant ce sinistre état des lieux, Bérenger Saunière décida donc de restaurer l'église du village. C'est au cours de ses travaux, en juillet 1887, qu'il fit deux découvertes déterminantes pour la suite de l'histoire : d'une part, de mystérieux parchemins dissimulés dans un pilier creux et, d'autre part, une marmite remplie de pièces d'or sous une dalle, la dalle des chevaliers.

Saunière garda le trésor pour financer la suite de ses travaux et décida de déchiffrer les parchemins. On le vit courir la nuit dans les champs, un sac sur le dos, en compagnie de sa gouvernante, Marie Denarnaud, revenant, tous les soirs, le sac rempli de cailloux choisis avec soin. Quand on l'interrogeait sur ses sorties nocturnes, il répondait, imperturbable, qu'il avait décidé d'orner d'une grotte en pierre le minuscule

L'abbé Saunière fit deux découvertes déterminantes : de mystérieux parchemins dissimulés dans un pilier creux et une marmite remplie de pièces d'or...

jardin qui se trouvait en face de l'église, une grotte d'ailleurs toujours en place mais pillée. Se rendit-il à Paris comme certains l'ont prétendu, s'introduisit-il dans les milieux occultes et spirites pour y rencontrer le jeune moine Émile Hoffet, spécialiste des écritures anciennes, amateur de sociétés secrètes et ami du célèbre ésotériste René Guénon ? Beaucoup en doutent.
L'abbé fut, dès lors, pris d'une frénésie architecturale et se lança dans des dépenses somptuaires, faisant paver le sol de l'église avec des dalles carrées noires et blanches, l'ensemble évoquant un échiquier. Quant au décor, il dégage toujours aujourd'hui une atmosphère trouble et inquiétante, renforcée par cette inscription sur le fronton de l'église : *Terribilis est locus iste* (Ce lieu est terrible), allusion au caractère tellurique puissant du site, diront certains ésotéristes. À l'entrée, le diable cornu et boiteux, Asmodée, veille, soutenant le bénitier surmonté des initiales « B S ». Ce démon aux couleurs criardes, de dimensions humaines et le regard mauvais, est assis ; deux de ses doigts forment un cercle, une de ses côtes est plate, le mamelon n'est pas à sa place. La présence de ce diable dans la maison de Dieu, présence rare et insolite, suscitera de multiples commentaires : satanisme, culte aux forces païennes, exorcisme...
En 1900, l'abbé Saunière acheta des terrains dans la commune et fit édifier, pour plus d'un million de francs or de l'époque, la villa Béthanie et une tour néogothique de deux étages, la tour Magdala, dans laquelle il installa une vaste bibliothèque. Il fit agrémenter le domaine d'un chemin de ronde,

Longtemps laissée à l'abandon, la véranda de la chapelle privée de l'abbé Saunière fut restaurée en 2003 par la municipalité de Rennes-le-Château, propriétaire des lieux. Cette restauration lui a redonné l'éclat qu'elle devait avoir du temps de l'abbé extravagant. Le fond de la chapelle fut également décoré de plaques de verre peintes.

d'un parc, de bassins, d'un potager et d'un verger. À la villa défilaient des personnages célèbres : le secrétaire d'État aux Beaux-Arts Dujardin-Baumetz ; mais aussi Andrée Bruguière, femme de lettres en vogue, qui se faisait appeler marquise d'Artois, la marquise de Bozas, d'authentique noblesse, et un personnage surnommé « Étranger » par les gens du pays, qui n'était autre que l'archiduc Jean de Habsbourg, cousin de l'empereur d'Autriche-Hongrie. Le village, surpris par la vie mondaine de son curé, lui pardonna tout, celui-ci étant d'une générosité sans limites. Pendant tout ce temps, Bérenger Saunière n'échappa à aucune accusation plausible ou fantasmatique. On l'accusa ainsi pêle-mêle de trafic de messes, d'adoration du diable, de détournement d'argent et de tentative de coup d'État monarchiste, son presbytère étant devenu le repaire de tous les royalistes d'Europe. Il donna sa démission de prêtre le 1er février 1909, fut déchu de ses fonctions sacerdotales en 1911 et fut même inculpé pour trafic de messes en 1915. Jusqu'à sa mort, il vécut sans argent, vendant des médailles religieuses et des chapelets aux soldats blessés soignés à Campagne-les-Bains. Il fut même accusé d'avoir hébergé des espions allemands et mourut le 22 janvier 1917, à l'âge de 65 ans, frappé d'une hémorragie cérébrale. Toujours aimé de ses paroissiens, son cadavre fut exposé sur le chemin de ronde, recouvert d'une tenture à pompons rouges. À sa mort, une partie de sa bibliothèque aurait été rachetée par la Ligue de la librairie ancienne *(International League of Antiquarian Booksellers)*, institution anglaise qui acquerra également la bibliothèque de son ami l'abbé Hoffet. Étrange destinée que celle de cet homme, car on s'aperçut, à l'ouverture de son testament, que ce prodigue ne possédait rien : tout était au nom de sa gouvernante, Marie Denarnaud, qui mourut en 1954, emportant avec elle l'énigme de Rennes-le-Château.

Symbole de Rennes-le-Château, la tour Magdala édifiée par l'abbé Saunière abrita de son vivant une bibliothèque théologique en chêne massif. Il baptisa sa tour du nom de Magdala en l'honneur de Marie-Madeleine. C'est derrière ces murs néogothiques que Saunière préparait ses expéditions nocturnes à la recherche du trésor, compulsant grimoires et cartes anciennes.

L'abbé Saunière aurait-il découvert le trésor des Templiers, ou bien celui des cathares, ou bien même celui de Blanche de Castille ?

Une légende moderne

C'est l'écrivain Gérard de Sède qui va redonner vie à l'abbé Bérenger Saunière, tombé dans l'oubli, en publiant coup sur coup *l'Or de Rennes ou la vie insolite de Bérenger Saunière*, en 1967, et *le Trésor maudit de Rennes-le-Château*, en 1968. Le succès est immédiat, et Rennes-le-Château attire des centaines de chercheurs de trésors et d'amateurs d'énigmes ésotériques. Le livre révèle en effet que l'abbé a sans doute trouvé une partie du fabuleux trésor des Mérovingiens pour financer son domaine, ayant dépensé plus de trois cent mille euros actuels dans ses travaux.
Le conseil municipal de Rennes-le-Château fut même amené à prendre des mesures draconiennes en interdisant tous types de fouilles sur le territoire de la commune, et la gendarmerie locale dut intervenir plusieurs fois pour stopper certains individus qui creusaient à la dynamite les environs de l'église.
Dès lors, les hypothèses les plus délirantes vont se répandre. L'abbé Saunière aurait-il découvert le trésor des Templiers, ou bien celui des cathares, ou bien même celui de Blanche de Castille ? Gérard de Sède, lui, affirma que les parchemins trouvés par Saunière révélaient de façon incontestable que l'abbé avait trouvé une partie du trésor des Mérovingiens, s'inspirant ainsi des révélations d'un mystérieux Prieuré de Sion, vieux de 700 ans, qui l'aurait guidé dans ses recherches. Cette confrérie secrète, gardienne du secret, aurait eu pour but d'assurer la survie de la lignée mérovingienne et de faire en sorte qu'elle remonte sur le trône de France. Or on sait maintenant que Gérard de Sède a été manipulé et mystifié par un certain Pierre Plantard, qui avait créé de toutes pièces le fameux Prieuré de Sion dans les années 1950, c'est-à-dire soixante ans après les découvertes de l'abbé Saunière.
Conspirateur, Plantard eut en effet l'étrange idée, en compagnie d'un marquis érudit et fantasque, Philippe de Cherisey, de fabriquer les parchemins prétendument retrouvés par le curé, qui détaillaient la royale ascendance de Plantard et la lignée de la fondation du Prieuré de Sion, qui aurait été créé en 1099, avec la liste prestigieuse de ses grands maîtres tels que Léonard de Vinci, Debussy, Cocteau... Plantard et Cherisey iront même jusqu'à déposer leurs faux documents à la Bibliothèque nationale au milieu des années 1960. Ce sont les fameux « dossiers secrets » que Dan Brown, auteur du *Da Vinci Code*, évoque dans sa préface comme preuve irréfutable de l'existence du Prieuré...
Dans les années 1980, Gérard de Sède avoue lui-même dans son livre *Rennes-le-Château,*

De son vivant, Bérenger Saunière était un homme curieux de tout, lisant des dizaines d'ouvrages religieux, littéraires et scientifiques. Athlétique, il pouvait marcher chaque jour plusieurs dizaines de kilomètres sans cependant jamais oublier une messe, où il interpellait les fidèles, dans des sermons enflammés, les enjoignant souvent à se détourner de la République.

le dossier, les impostures, les fantasmes, les hypothèses, comment il a été trahi par cet aventurier. Mais l'affaire ne s'arrête pas là car trois auteurs anglo-saxons, Richard Leigh, Henry Lincoln et Michael Baigent, passionnés d'ésotérisme et manipulés par Plantard, publient en 1982 un étrange livre, *l'Énigme sacrée (Holy Blood, Holy Grail),* dans lequel ils affirment que les Mérovingiens sont en réalité les arrière-arrière-petits-enfants de Jésus et Marie-Madeleine, établissant sans complexe des liens entre Nostradamus et Alain Poher, de Gaulle et Louis XIV, et expliquent que « le monde actuel a besoin d'un véritable chef ».
Au milieu des hypothèses les plus farfelues surnage l'idée toute simple que l'abbé Saunière aurait découvert, au cours de ses recherches, le trésor local de l'église que le curé Bigou, persécuté pendant la Révolution française, aurait caché dans des grottes sur la colline de Rennes-le-Château.
Cependant, le mystère persiste encore aujourd'hui et les chercheurs de trésors continuent à fouiller la colline de Rennes-le-Château, quelquefois même à coups de dynamite ; quant aux amateurs de sites ésotériques, ils rôdent toujours dans les rues du village et autour de l'église, espérant découvrir le secret de ce curé de campagne qui mourut pauvre et rejeté de tous. Depuis plus de trente ans, Rennes-le-Château est devenu le haut lieu des occultistes, des rosicruciens, des kabbalistes et même des ufologues.

Construite entre 1900 et 1901, la villa Béthanie fut la demeure de l'abbé Saunière. Elle est aujourd'hui devenue un musée consacré à sa vie et à ses étranges activités. C'est au rez-de-chaussée que l'on trouve le salon où l'abbé Saunière aimait méditer.

Bal gothique dans les profondeurs de la Terre,
bal étrange pour des hommes vieux de quatre siècles,
éclairés à la pâle lumière des bougies...

La caverne sculptée de Dénezé-sous-Doué

La caverne sculptée de Dénezé-sous-Doué, située dans le Maine-et-Loire, illustre parfaitement la fascination que l'homme porte aux mystères des entrailles de la Terre. Peuplée de quatre cents statues taillées dans la pierre, cette caverne inspire un sentiment trouble fait à la fois d'intérêt historique et de crainte. Traversant les siècles, la cave aux sculptures garde encore ses secrets.

Un chef-d'œuvre d'art populaire

La caverne sculptée est une vaste chambre souterraine dont les murs sont ornés de centaines de petites statues alignées en costume de la Renaissance. Immobiles, elles veillent autour d'un puits, évoquant quelque rituel archaïque de purification.

Dans la demi-obscurité, on devine des visages de pierre, tour à tour grimaçants et hilares, malicieux et pieux. Leur taille rudimentaire, brute, accentue l'aspect bestial de certaines sculptures. Leurs yeux sont gonflés, les bouches ouvertes comme dans un cri de souffrance. Des créatures grotesques et érotiques voisinent avec des monstres griffus et difformes, des gisants à sept têtes, le tout formant une immense galerie peuplée de centaines de petits hommes aux gueules cassées avec fraises et hauts-de-chausses, jouant des scènes lubriques. Certaines statues ont même un caractère blasphématoire comme cette Pietà montrant un christ vivant allongé sur les cuisses nues d'une femme ou bien ce mariage initiatique représentant un homme entre la Luxure et la Vertu, deux femmes souriantes dont les mains viennent se rejoindre sur son sexe (ce que l'une commence, l'autre l'interdit). On trouve même des Indiens aux pommettes saillantes qui dansent au son de joueurs de mandoline et de bouzine. Bal gothique qui se joue dans les profondeurs de la Terre, bal étrange d'hommes vieux de quatre siècles, éclairés à la pâle lumière des bougies, qui évoquent des panneaux peints que les montreurs d'histoire de la Renaissance vendaient aux quatre coins de la France.

Les statues sculptées dans le tuffeau de la caverne de Dénezé-sous-Doué sont terriblement expressives, tour à tour grimaçantes et angéliques. Les yeux des personnages sont gonflés et leurs bouches ouvertes comme s'ils criaient de douleur... Certains historiens en ont ainsi conclu que la caverne était un lieu de guérison.

Un culte hérétique...

Quels furent les auteurs de ces statues ? De simples tailleurs de pierre ou des artistes contestataires, initiés à des rituels secrets ? Un groupe adamique (secte hollandaise du XVIe siècle qui honorait Adam, le premier homme) qui aurait célébré des cultes érotico-religieux au cours d'orgies nocturnes ? Des guérisseurs qui invoquaient Dana, la déesse des Gaulois, pour guérir les malades ?

Les archives sont longtemps restées silencieuses sur l'origine de ces statues. Oubliée de tous depuis le XVIIIe siècle, époque où elle fut remblayée, la cave fut juste évoquée par Célestin Port au XIXe siècle dans son *Dictionnaire historique, géographique du Maine-et-Loire* : « Au village du Mousseau existent des caves curieuses mais que malheureusement des murs interceptent par suite du morcellement des propriétés. J'y ai vu, dans la partie qui dépend de la cure, toute une imagerie découpée en plein tuffeau, notamment une femme colossale assise, et à côté, mais d'une main différente, deux autres personnages et une croix, le tout, ce me semble, bien

La caverne de Dénezé-sous-Doué abrite l'un des chefs-d'œuvre de l'art populaire français. Pourtant, leurs auteurs restent à ce jour inconnus. Leur style est brut, souvent bestial, quelquefois hérésiarque. Des créatures grotesques voisinent avec des monstres griffus et des géants difformes, l'ensemble formant une galerie de petits hommes énigmatiques avec fraises et hauts-de-chausses.

moderne, tout au plus du XVIIe siècle. » En fait, cette cave ne sera vraiment redécouverte qu'en 1956 par les archéologues Jeanne et Camille Fraysse. C'est à partir de leurs travaux qu'Annie Brethon et Daniel List, conservateurs du site pendant vingt ans, ont émis l'une des hypothèses les plus crédibles. Selon leurs conclusions, ces sculptures dateraient de la seconde moitié du XVIe siècle, sous le règne troublé des Valois, dominé par la très catholique et sanglante reine Catherine de Médicis. Certains détails vestimentaires et les attitudes des personnages donnent des indications précises sur la date d'exécution de ces sculptures. Ainsi, le décolleté des femmes, qui laissait leurs seins nus, porté par plusieurs personnages de la caverne, apparut à la cour de Charles IX après 1561. Le haut-de-chausse plissé et serré rappelle la mode masculine à la Cour du temps des Valois, ainsi que le port de la fraise, qui connut une grande vogue à la fin des guerres d'Italie. Autant de détails qui situent l'époque des panneaux sculptés mais qui laissent dans l'ombre la véritable personnalité des sculpteurs. Comme il n'existe ni archives ni tradition orale locale qui fassent référence à cette caverne, l'origine des statues est sujette à controverse et des hypothèses contradictoires ont été élaborées.

Selon d'autres historiens, ce sont des ouvriers initiés aux rites secrets des tailleurs de pierre qui seraient à l'origine des bas-reliefs. Interdits de réunion après les mesures royales de Villers-Cotterêts, qui abolirent en 1539 les confréries de métiers, traqués par les troupes catholiques, ces sculpteurs de la nuit, formant une communauté libertaire et cosmopolite, se seraient réfugiés dans cette caverne saumuroise pour y tailler nuit après nuit, dans le tuffeau, une fresque satirique, dénonçant les mœurs décadentes de l'époque et vouant aux gémonies de l'enfer la cour du roi de France.

… ou culte tellurique, rituel gaulois ou simple carnaval ?

Mais d'autres interprétations se sont développées, notamment sous l'influence des socio-historiens, qui soutiennent que les statues de la caverne sont des ex-voto sculptés par des sorciers ou des guérisseurs afin d'invoquer des puissances telluriques pour soigner les malades. Ainsi, Albert Héron, coordinateur des fouilles en 1974 et 1975, pensait que la caverne était un temple souterrain et que les statues montraient des infirmités, l'ensemble faisant partie d'un culte de guérison. Prolongeant cette idée, d'autres auteurs ont affirmé que la caverne de Dénezé-sous-Doué aurait été un haut lieu de rite où des hommes et des femmes célébraient un culte de la fertilité et du renouvellement des énergies élémentaires : en fait, la résurgence en pleine Renaissance d'un ancien culte gaulois, honorant la déesse-mère Dana. Des fouilles ont été faites dans le puits de caverne et des tessons de poteries datant des VIIe, VIIIe et IXe siècles y ont été retrouvés. Ainsi, même en ces siècles obscurs, la caverne souterraine ne fut pas un habitat classique. Comme à Lascaux, les hommes ont dû avoir une motivation particulière pour rester dans cette grotte insalubre. Serait-ce l'eau du puits ? Curative, elle aurait été considérée comme miraculeuse au Moyen Âge. La signification des statues prend donc un tout autre sens. Le puits étant le centre de la caverne, les statues au visage difforme représentent les effigies des hommes et des femmes malades, venus se soigner. Ici, une mère portant son enfant à l'agonie pour le baigner dans les eaux salvatrices du puits, là, une procession de scrofuleux venant humecter leur bouche de l'eau guérisseuse. Aujourd'hui, les statues de la caverne restent toujours énigmatiques et attirent les amateurs de curiosités souterraines venus du monde entier pour déchiffrer leur mystère.

Ci-dessus : c'est derrière les anciens bâtiments de l'abbaye bénédictine de Brantôme que s'ouvre l'étrange cave troglodytique du Jugement dernier.

Page de droite : le panneau dit de la Crucifixion est relativement conventionnel dans sa représentation. Attribué à un artiste du XVIIIe siècle, il montre le Christ en croix entouré de Marie et de saint Jean. C'est sa facture qui lui donne un aspect insolite pour la région, rappelant les fresques de pierre du Moyen-Orient.

La grotte du Jugement dernier

Fondée par Charlemagne en 769, l'abbaye bénédictine troglodytique de Brantôme abrite une grotte insolite dite du « Jugement dernier ». Les hauts-reliefs qui ornent cette grotte font partie des plus beaux ensembles sculptés dans un site troglodytique, au même titre que ceux du temple d'Abu Simbel, en Égypte, et ceux de Pétra, en Jordanie.

Des hauts-reliefs énigmatiques

Quand les premiers archéologues découvrent, au milieu du XIXe siècle, les hauts-reliefs de la grotte de Brantôme, ils appellent l'ensemble « Jugement dernier ». Or le marquis de Fayolle, président de la Société historique du Périgord, analysant en 1890 les deux grandes sculptures qui composent cette œuvre, expliqua qu'il ne s'agit pas du Jugement dernier mais bien du Triomphe de la mort inspiré par les danses macabres de la fin du Moyen Âge, ce que l'archéologue Gilles Delluc confirmera en 1985.

La première fresque sculptée, un haut-relief d'environ 5 mètres de haut sur 5 de large évoque la mort dominée par Dieu. Un examen plus attentif du panneau permet de distinguer trois parties.

La partie la plus haute est constituée d'une grande divinité à peine dégrossie, entourée d'un ange en vol et de deux personnages agenouillés. Juste en dessous, la mort armée de sa faux, flanquée de chaque côté d'un ange à genoux, sonnant de la

À droite : le panneau sculpté dit du *Triomphe de la mort* dégage une ambiance païenne. En effet, la partie haute de cette fresque de plus de 5 mètres est occupée par un personnage tutélaire sans doute plus ancien que la partie basse, qui daterait du XVIIe siècle. Certains y voient un dieu gaulois assis que les moines ont tenté de cacher en sculptant à ses pieds une fresque de pierre évoquant une danse macabre.

Ci-dessus : ce détail du *Triomphe de la mort* montre des têtes de nobles et de bourgeois tous traduits, malgré leur fortune et leurs privilèges, devant le tribunal de la mort pour un voyage sans retour.

trompette. En guise de soubassement, une tête couronnée de tibias et de fémurs. De part et d'autre, des petits figurants, sans doute des hommes et des femmes de toutes conditions sociales : guerriers, dames, moines... Le marquis de Fayolle y voyait même un pape, un bourgeois, un empereur, une religieuse et un seigneur. Tout le monde danse avec la mort, les riches comme les pauvres, les puissants seigneurs comme les manants. Seul le Dieu tutélaire règne sans partage au-dessus des hommes, rappel qu'il n'y a pas de salut en dehors de lui. Il s'agit bien ici d'une sculpture rappelant les danses macabres, destinées à édifier les populations, à montrer que la vie sur terre conduit inéluctablement à la mort et à maîtriser les désordres, les guerres et les tentations de cette fin du XVe siècle.

Sur la paroi qui fait face au *Triomphe de la mort*, un thème plus courant a été sculpté : la crucifixion. Le Christ en croix, entouré de Marie à sa droite et de Jean à sa gauche, domine la ville de Jérusalem. Marie-Madeleine étreint la croix, un moine assis à droite et un personnage agenouillé à gauche contemplent la scène.

Ce panneau assez conventionnel a sans doute été sculpté plus tardivement que le *Triomphe de la mort*, probablement au XVIIIe siècle.

Une atmosphère païenne

De quand date ce panneau sculpté ? De la fin du XVe siècle, affirment les archéologues Brigitte et Gilles Delluc. Mais si l'on peut dater avec certitude la création des hauts-reliefs, on ne sait rien de leurs auteurs, tant leur facture est étrangère aux courants religieux connus de l'époque.

Comme aucun document ne vient éclairer leur origine, toutes sortes d'hypothèses ont été évoquées. Par exemple, Georges Bussière, l'historien spécialiste du site de Brantôme, rappelle que des hérésiarques partisans du « gentilisme » avaient vécu à Brantôme, y créant même un ermitage. D'autres évoquent plutôt un art populaire et contestataire dans le même esprit que les statues grotesques de Dénezé-sous-Doué. Une atmosphère païenne pèse assurément sur la grotte du *Triomphe de la mort*. Le dieu sculpté, assis sur un fauteuil, représente plutôt une divinité gauloise que chrétienne, en l'occurrence le fameux dieu Lug, porteur de lumière.
Une impression de force sauvage émane de la statue qui évoque une idole destinée à quelque culte sacrificatoire.
Qui percera les mystères de l'immense panneau sculpté trouvé dans la grotte de l'abbaye troglodytique de Brantôme ?

Quelque 123 signes différents furent recensés sur ces tablettes gravées de Glozel, révélant une écriture inconnue qu'aucun linguiste n'a jamais pu décrypter.

Le mystère de Glozel

CI-DESSOUS : c'est dans le « champ des morts », qu'Émile Fradin et son grand-père ont découvert en 1924 plus de 3 500 pierres et tablettes d'argile cuite gravées.

PAGE DE DROITE : sous les champs, une civilisation inconnue. Le site de Glozel n'a pas encore été entièrement fouillé. Certains archéologues considèrent même que le gisement doit être beaucoup plus vaste.

Le destin de Glozel, petit hameau de la montagne bourbonnaise situé à une vingtaine de kilomètres de Vichy, bascula le 1er mars 1924, lorsque deux de ses habitants mirent au jour d'étranges gisements préhistoriques. L'affaire fit scandale, car le monde scientifique se divisa sur l'interprétation des trouvailles, tablettes et pierres gravées. Qui pouvaient bien être ces Glozéliens aux mœurs étranges et dont on ne savait rien ? Aujourd'hui, malgré tous les moyens de la science moderne, le mystère reste entier : d'où proviennent les objets glozéliens ? De la préhistoire ou de l'époque gallo-romaine ? Ou des deux à la fois ?

Une étrange découverte

L'affaire de Glozel commença le 1er mars 1924, quand Émile Fradin, alors âgé de 17 ans, et son grand-père, tous deux cultivateurs, découvrent une fosse en défrichant un champ (le champ Duranthon). Pas une simple fosse, mais un vrai sanctuaire abritant des os, des pierres gravées, des poteries, des haches et des tablettes d'argile cuite portant les signes d'un alphabet mystérieux, en tout trois mille cinq cents objets en os et en ivoire. Très vite, la découverte s'ébruite et le docteur Antonin Morlet, archéologue amateur habitant Vichy, prend l'affaire en charge, prétendant qu'il s'agit d'une « nouvelle station néolithique » datant de 12 000 ans, et remettant ainsi en cause l'origine phénicienne de l'écriture. Pris d'une frénésie archéologique, le docteur Morlet et la famille Fradin vont mettre au jour des centaines de fosses contenant des pierres gravées. Le champ Duranthon est alors baptisé le « champ des morts ». En 1927, une commission internationale conclut à l'authenticité du gisement, ce qui déclenche une délirante polémique d'experts et de contre-experts. En effet, si les pierres gravées soulèvent l'admiration des spécialistes en art préhistorique, de multiples questions se posent encore. Les haches en pierre polie sont-elles votives ? Quelle est donc cette écriture archaïque dont aucun préhistorien n'a jamais entendu parler jusque-là ? Camille Jullian, professeur au Collège de France, parle d'un site de sorcellerie gallo-romain, les signes gravés étant des formules magiques tandis que d'autres archéologues commencent à évoquer une supercherie.

La controverse des tablettes

C'est ainsi que le 25 février 1928, la police intervient à la ferme des Fradin, cherchant l'atelier où la famille aurait fabriqué les objets, cassant les vitrines, détruisant des poteries, et emportant plus de deux cents pièces, soi-disant pour les faire dater.
Le 4 juin 1929, Émile Fradin est inculpé d'escroquerie et interrogé pendant soixante-trois heures afin qu'il avoue avoir fabriqué ces objets.

Ci-contre et page de droite, en haut : ces têtes énigmatiques sont exposées dans le musée de Glozel. Il s'agirait d'objets sculptés par une communauté villageoise qui vécut de manière autarcique, sans échanges économiques ni culturels.

Ci-dessous : une tablette gravée de signes inconnus. Monnaie d'échange, objet de culte, alphabet ? Toutes les hypothèses restent ouvertes...

Son courrier est ouvert, il est constamment surveillé par la police, qui veut le surprendre en flagrant délit de fabrication et vérifier s'il enterre lui-même les objets. Finalement, deux ans plus tard, l'inculpation finit par un non-lieu.

Le docteur Morlet continuera les fouilles à ses frais pendant seize ans. Il décédera en 1966 sans savoir que Glozel sera un jour reconnu comme un site historique exceptionnel.

Cette querelle entre les habitants du hameau et les antiglozéliens portera le nom de « guerre des Briques ». Pour la presse de l'époque, Glozel est une source inépuisable de tirages. *Le Mémorial*, journal de Saint-Étienne, titrait le 7 avril 1928 : « Le Bourbonnais est-il le berceau de l'écriture préhistorique ? », tandis que *l'Écho de Paris* mettait malicieusement l'accent sur les querelles d'experts.

L'enjeu est de taille car parmi les nombreux objets découverts se trouvent des plaquettes en terre cuite couvertes de signes alphabétiformes. Quelque cent vingt-trois signes différents furent ainsi recensés, révélant une écriture inconnue qu'aucun linguiste n'a jamais pu décrypter.

Or les datations au carbone 14 effectuées au cours des années 1970 sur des objets en os de Glozel ont rendu un verdict saisissant : 17 000 ans avant J.-C., soit la période du paléolithique supérieur. L'antériorité de ces écritures viendrait ruiner les théories établies sur l'origine même de l'écriture. Du coup, certains ont franchi le pas : l'écriture serait-elle née en Occident plutôt qu'en Orient, comme on le croyait ?

Une interprétation contemporaine

Dans les années 1970, une équipe de scientifiques constituée du Danois Vagn Mejdhal, de l'Écossais Hugh MacKerrel et du Français Henri François, ingénieur au Centre d'études nucléaires de Fontenay-aux-Roses, effectua sur le site de Glozel des analyses par thermoluminescence, demandant au docteur Zimmerman, de l'université de Washington, attaché au *McDonnel Center for the Space Science*, de vérifier l'authenticité des céramiques de Glozel. Basant sa démonstration sur une propriété particulière des grains de zircon, le docteur Zimmerman concluait ainsi ses résultats : « Nous écartons donc toute possibilité pour que ces deux prélèvements de Glozel puissent être des céramiques modernes, irradiées artificiellement dans le but de les faire paraître

anciennes. Et nous concluons qu'elles ont vraiment été fabriquées dans l'Antiquité. »
En conclusion, la datation des ossements donne entre 15 000 et 17 000 ans, les céramiques environ 5 000 ans et les tablettes gravées environ 2 500 ans.
En 1997, le philologue suisse Hans-Rudolf Hitz, dans *les Inscriptions de Glozel*, a tenté de déchiffrer les tablettes de terre cuite. Selon lui, Glozel aurait été un lieu de pèlerinage religieux et médical ayant attiré un grand nombre de peuples qui se seraient également livrés à des observations astronomiques. Différents objets paléolithiques et néolithiques auraient pu être apportés sur les lieux par les pèlerins à titre d'offrandes. Les peuplades de cette époque connaissaient l'existence des grottes préhistoriques et les fouillaient déjà. Les tablettes de terre cuite remonteraient à une période comprise entre 700 avant notre ère et 100 après, d'après la datation par thermoluminescence. Le langage qui y figure serait d'origine celtique, l'existence des tablettes ne remettant donc pas en cause la théorie selon laquelle l'écriture serait née en Phénicie. Mais l'auteur observe que l'alphabet phénicien ignorait les voyelles, qui furent probablement introduites par les Grecs, et que les Étrusques adaptèrent ensuite l'alphabet grec. On trouverait des éléments de ces alphabets dans l'écriture de Glozel. On y décèlerait aussi l'influence de l'alphabet lépontique, en usage à l'âge du fer dans certaines tribus celtes et gauloises. L'écriture de Glozel, qui comporterait un alphabet de cent vingt-trois caractères, se lirait de gauche à droite et serait dépourvue de ponctuation. On remarquera que ces conclusions sont compatibles avec les dogmes de la science officielle, permettant ainsi une réconciliation des adversaires qui se sont tant disputés depuis plus de soixante-dix ans.

Ci-dessous : poinçon en os décoré d'un cervidé frappé par des flèches. Simple scène de chasse ou technique d'envoûtement ?

Selon l'alchimiste Eugène Canselier, le plafond de la salle des gardes serait un ciel alchimique qui cacherait en langage codé le secret de fabrication de la pierre philosophale.

Le château alchimique du Plessis-Bourré

Jean Bourré (1424-1506), noble chevalier angevin, fut grand argentier de France, conseiller et confident du roi Louis XI. Homme de la Renaissance, raffiné et discret, il fut aussi et surtout un grand bâtisseur de châteaux en Anjou, dont celui du Plessis-Bourré. Château de transition, à la fois bâtiment de défense et résidence confortable, entouré de douves profondes aux innombrables pièces richement décorées, le Plessis-Bourré est connu pour être un haut lieu de l'ésotérisme médiéval. Il abrite en effet d'étranges fresques qui ornent le plafond de la salle des gardes, une énigme qui a suscité et suscite toujours de nombreux commentaires de la part des spécialistes en alchimie.

Un plafond allégorique

C'est en 1468 que Jean Bourré lança la construction du château du Plessis-Bourré, qui dura cinq ans. Louis XI l'honora même de sa présence le 17 avril 1473, à l'occasion d'un pèlerinage à Notre-Dame-de-Béhuard. Charles VIII et sa sœur visitèrent le château le 10 juin 1487. Seul fait marquant de la vie du château : sous la Terreur, son propriétaire, le comte Jean-Guillaume de Ruillé, y sera exécuté. En 1970, Jacques Demy y tourna plusieurs scènes du film *Peau d'âne*.
Mais si le château est resté célèbre dans les mémoires, c'est certainement grâce au somptueux décor qui orne le plafond de la salle des gardes. Composé de six grands caissons de 4 mètres sur 3, encadrés de moulures larges et saillantes, ce plafond représente un damier de vingt-quatre panneaux peints à la détrempe et écrits sur fond bleu et vert. Si les compositions foisonnantes d'animaux fabuleux et de satires cruelles rappellent les visions fantasmagoriques de Jérôme Bosch, il n'en reste pas moins que l'artiste est resté à ce jour totalement inconnu. Inspiré de l'imaginaire populaire et des manuscrits à peinture des XIVe et XVe siècles, cet ensemble constitue pourtant l'un des plus étranges répertoires de drôleries et d'allégories de la Renaissance française.
Les huit premiers tableaux évoquent l'univers grinçant des légendes médiévales, souvent sarcastiques, toujours « d'esprit malin et hardi ». On trouve ainsi l'histoire du colporteur de ragots qui, à force de commérages et de flatteries, est dévoré un jour par des rats ; les malheurs d'une louve « maigre de corps et de face » qui, ne se nourrissant que de femmes fidèles, dut attendre deux cents ans pour se repaître ; le tragique destin enfin de la pie Mahault dont une jeune femme « coud le cul, pour ce qu'elle a parlé trop hault ». Autant de contes moraux qui illustrent aussi l'ambiance de conspiration permanente qui régnait à la Cour du temps de Louis XI.

Un ciel alchimique ?

Mais ce sont les seize autres tableaux entourés d'un entrelacs de feuilles et de tiges végétales, symboles des forces telluriques, qui font du plafond de la salle des gardes un véritable chef-d'œuvre ésotérique. Constitué d'une cour d'animaux tels que des singes, des béliers, un dragon, un âne chanteur, une licorne, une ourse, une laie musicienne, un cerf inquiet, ce bestiaire fantastique, accompagné de scènes érotiques, grouille d'êtres hybrides. Ce chef-d'œuvre témoigne certainement des préoccupations occultes de Jean Bourré, un personnage discret, œuvrant en silence dans l'ombre de trois rois de France.
Selon l'alchimiste Eugène Canselier, le plafond serait un ciel alchimique qui cacherait en langage

codé le secret de fabrication de la pierre philosophale. Le seigneur angevin aurait ainsi voulu transmettre aux générations futures « un message voilé sous la décoration sculptée », faisant référence à l'antique science des Égyptiens transmise en Europe par les érudits arabes. Ainsi, chaque sujet peint correspondrait à l'une des nombreuses étapes qui rythment le parcours du grand œuvre pour obtenir la pierre philosophale. Le bélier, par exemple, correspondrait au soufre des alchimistes, l'ourse à l'étoile polaire que l'alchimiste surveille au moment de ses opérations, le cerf au mercure, chacun des métaux ayant par ailleurs des correspondances avec certaines planètes.

Aujourd'hui, les érudits hésitent à qualifier ce plafond énigmatique. Simple allégorie, jeu esthétique ou message hermétique destiné à des initiés, à des membres de confréries secrètes qui parcouraient l'Europe ? Avant tout, le reflet des goûts et des croyances de Jean Bourré, témoin d'une époque où l'art s'enchâssait à la quête spirituelle d'un temps où les alchimistes cherchaient, penchés sur leurs cornues et leurs creusets, le secret de l'élixir de longue vie et de la transmutation des métaux vils en or.

Jean Bourré a-t-il fait partie de cette confrérie d'adeptes ayant trouvé le secret de la mystérieuse pierre philosophale, celle dont Raymond Lulle disait : « D'une once de cette poudre de projection, blanche ou rouge, tu feras des soleils en nombre infini et tu transmueras en Lune toute espèce de métal... » ? Il y a peut-être un indice, ce petit mot énigmatique que le roi Louis XI envoya un jour à son argentier Jean Bourré : « Allez-vous-en demain à Paris, et vous et Monsieur le Président trouvez de l'argent en la Boîte à l'enchanteur. » Jean Bourré, aurait-il eu, comme le suggère l'écrivain Michel Bulteau, la « maîtrise de l'or » ? Cette mystérieuse boîte à l'enchanteur ne fut-elle pas la fameuse et si convoitée pierre philosophale, capable de transformer le plomb en or et, ainsi, de combler les vertigineux besoins financiers du roi Louis XI, que le Trésor royal était insuffisant à satisfaire ?

Double page suivante : c'est dans la salle des gardes que réside le chef-d'œuvre du château du Plessis-Bourré. Le plafond est décoré de 24 panneaux peints et écrits qui restent à ce jour une énigme artistique. Certains y voient un code crypté, réalisé par un alchimiste qui abriterait le secret de la pierre philosophale et l'élixir de longue vie...

Ci-dessus : parmi les huit premiers tableaux peints du plafond de la salle des gardes du Plessis-Bourré, on trouve des exemples de satires et de légendes médiévales, souvent sarcastiques, que les seigneurs du XVe siècle appréciaient tout particulièrement.

L'affaire de Gisors est l'une des énigmes historiques françaises les plus étranges.

PAGE DE DROITE : est-ce la légendaire entrée de la crypte dans laquelle, Roger Lhomoy, l'ancien gardien du château, aurait découvert, en 1946, trente coffres remplis d'or ? Aujourd'hui encore des centaines de chercheurs de trésor et autres occultistes, le pendule à la main, rôdent autour du donjon du château de Gisors convaincus que les Templiers y ont caché leur trésor la veille de leur arrestation.

CI-CONTRE : le château militaire de Gisors, qui domine la région de Beauvais depuis le Moyen Âge, se trouva, au XIIe siècle, au centre des rivalités entre les royaumes de France et d'Angleterre. Confié aux chevaliers de l'ordre du Temple, il entra dans la légende. On parla ainsi à son propos d'horloge cosmique et d'un trésor caché dans ses sous-sols.

Le château de Gisors

Forteresse normande bâtie sur les bords de l'Epte, le château de Gisors fut longtemps l'enjeu des rois des deux royaumes de France et d'Angleterre. Mais la forteresse de Gisors est aussi connue pour ses liens avec l'histoire des Templiers. Confiée à la garde de ces derniers par le roi de France Louis VII de 1158 à 1160, elle devint également la prison du dernier grand maître de l'Ordre, Jacques de Molay, en 1314. Aujourd'hui, le château de Gisors est surtout célèbre pour son légendaire trésor, qu'aventuriers, hommes politiques et amateurs de sciences occultes cherchent encore. Révélée par l'écrivain-journaliste Gérard de Sède, l'affaire de Gisors est l'une des énigmes historiques françaises les plus étranges. Sa rencontre avec Roger Lhomoy conduisit Gérard de Sède dans un monde où se côtoyaient réseau politique et ésotérisme.

Le trésor des Templiers

Pour beaucoup, l'affaire de Gisors remonte au XIXe siècle, lorsque les romantiques sont venus faire du tourisme dans la région. Ceux-ci mélangèrent histoires vraies et rumeurs autour du château, colportant des histoires de chapelle souterraine, d'évasion de prisonniers, d'un trésor enfoui, gardé par Satan, fabriquant ainsi du mystère et des légendes qui seront reprises et déformées par l'imagination populaire.

C'est dans ce contexte que Roger Lhomoy, gardien du château de Gisors et enfant du pays, nourri par les légendes d'un trésor enfoui dans le château, révèle en mars 1946, devant les membres ébahis du conseil municipal, qu'il a fait des fouilles clandestines et qu'il a découvert sous le château une immense chapelle contenant des sarcophages et des coffres de métal.

En fait, au cours des années 1940, Roger Lhomoy s'était fait embaucher comme gardien du château pour y mener ses recherches en toute tranquillité. La mairie, alors propriétaire du château, avait mis à sa disposition un logement de fonction au sein même de l'ensemble médiéval, et le soir, dès que les portes du château se fermaient, Roger Lhomoy fouillait les caves et les souterrains, à la recherche du trésor des Templiers.

Les années d'Occupation ralentiront ses travaux, mais dès la Libération, il reprend avec acharnement son travail, fouillant sans relâche au pied de la motte du donjon, dégageant le puits bouché depuis de nombreuses années, descendant jusqu'à près de 30 mètres de profondeur, pour enfin faire la découverte de sa vie : la chapelle aux trente coffres remplis d'or. Il se rend ensuite à la mairie de Gisors pour y rencontrer le maire et lui

« Ce que j'ai vu à ce moment-là, je ne l'oublierai jamais : trente coffres en métal précieux, rangés par colonnes de dix. Et le mot coffre est insuffisant : il faudrait plutôt parler d'armoires couchées ».

Roger Lhomoy cité par Gérard de Sède dans *les Templiers sont parmi nous*

Jacques de Molay fut le dernier des grands maîtres des Templiers. Accusé d'hérésie et de sodomie, il fut arrêté le 13 octobre 1307 sur ordre du roi Philippe le Bel et brûlé le 18 mars 1314 après des années de tortures et de privations. Gravure sur bois, coloriée, signée « E. Z. », N° 15 de la série « Costumes de Paris à travers les siècles », H. Geffroy, Paris, vers 1880.

faire constater sa découverte. Une délégation de la mairie l'accompagne sur les lieux mais, comme on le prend pour un fou, personne n'ose descendre dans le puits découvert par Lhomoy.

Une affaire d'État

Quelques années plus tard, en 1962, Roger Lhomoy raconte son histoire à l'écrivain-journaliste Gérard de Sède qui, fasciné par cette histoire, rédige un livre qui relancera l'affaire : *Les Templiers sont parmi nous*. L'auteur retrace l'historique des fouilles clandestines, les plans et les raisons occultes de la construction du château sur un site prédestiné selon des règles astronomiques et alchimiques. Mais l'essentiel du livre repose sur l'extraordinaire témoignage de Lhomoy, que l'auteur rapporte en ces termes : « Ce que j'ai vu à ce moment-là, je ne l'oublierai jamais, car c'était un spectacle fantastique. Je suis dans une chapelle romane en pierre de Louveciennes, longue de 30 mètres, large de 9, haute d'environ 4,50 mètres à la clé de voûte... Le long des murs, posés sur le sol, des sarcophages de pierre de 2 mètres de long et de 60 centimètres de large : il y en a dix-neuf. Et dans la nef, ce qu'éclaire ma lumière est incroyable : trente coffres en métal précieux, rangés par colonnes de dix. Et le mot coffre est insuffisant : il faudrait plutôt parler d'armoires couchées dont chacune mesure 2,20 mètres de long, 1,80 mètre de haut, 1,60 mètre de large. »
Selon Gérard de Sède, les dignitaires de l'Ordre savaient que leur arrestation était prévue pour le 13 octobre 1307. La veille de ce jour fatidique, ils mirent alors à l'abri des documents et des richesses entreposés dans l'enclos du Temple de Paris.
C'est ainsi que le 12 octobre 1307, trois chariots escortés solidement de cinquante chevaux quittent Paris en direction de la Normandie.
Ce sont les archives et les coffres contenant le trésor du Grand Visiteur de France qui fuient vers Rouen. L'Ordre utilisa-t-il cette voie, malgré les risques d'une surveillance accrue des hommes du garde des Sceaux Guillaume de Nogaret ?
Les chariots se volatiliseront, et nul ne saura ce qu'ils seront devenus. Deux solutions s'offrent : ou bien un passage en force et l'embarquement au Tréport en utilisant la route templière de Rouen, ou bien un arrêt plus sûr, et inattendu, dans le secteur de Rouen. Gérard de Sède, s'appuyant sur la tradition, optera pour le dépôt du trésor à Gisors, c'est-à-dire à peu de distance de Rouen. Dès lors, l'affaire prend de l'ampleur et dépasse le cadre local, la presse nationale s'emparant des révélations de Gérard de Sède et mélangeant subtilement histoires de trésor et légendes templières. Dans le même temps, ce climat d'intrigues et de secrets attire des chercheurs de trésor, munis de détecteurs de métaux, des radiesthésistes, pendule à la main, des adorateurs de la Lune convoqués à des réunions nocturnes. Des archéologues officiels sont chargés de faire des fouilles, mais ils ne trouvent aucune trace de chapelle souterraine. Des amateurs de complots affirment qu'il existe une conspiration du silence et font appel au ministre de la Culture de l'époque, André Malraux, qui, prenant au sérieux le témoignage de Lhomoy, envoie à Gisors les sapeurs d'un régiment de génie basé à Rouen. Autour du puits, les militaires creuseront avec méthode de nombreuses excavations jusqu'à 26 mètres de profondeur, mais ils ne trouveront pas la crypte aux trente coffres.
Ainsi, on peut se demander si cette affaire n'est pas une fantastique manipulation à laquelle a cédé Gérard de Sède, inspiré par un aventurier de l'occulte, Pierre Plantard. Quant à Lhomoy, oublié de tous, il finira sa vie à l'hospice des vieillards de Nanterre, emportant avec lui son secret. Mais dans l'ombre veillent toujours les mystérieux gardiens du trésor.

JACQUES DE MOLAY, chef des Templiers.

(XIIIe SIÈCLE)

Le mur païen ne serait-il pas l'enceinte qui protégeait la montagne sacrée, vouée à l'adoration du Soleil ou des astres ?

Le mur païen, que l'on peut voir depuis la plaine d'Alsace, est une construction gigantesque de 10 kilomètres de long, constituée de plus de 300 000 blocs de pierre. Cette muraille intrigue les archéologues depuis plus de mille ans. Enceinte défensive, refuge ou haut lieu d'un culte tellurique ?

Le mur païen

Depuis le haut Moyen Âge, le mur païen, entourant le mont Sainte-Odile, a éveillé la curiosité. Cette gigantesque muraille construite en gros blocs et longue d'une dizaine de kilomètres reste à ce jour une énigme archéologique.
Outre diverses interprétations légendaires, les hypothèses concernant la fonction et surtout la datation de cette enceinte suscitent toujours le débat. Même si de nombreuses fouilles ont été effectuées, elles n'ont pas permis de révéler la fonction du mur : simple enceinte défensive ou bien haut lieu cultuel ?

Une enceinte défensive ?

Classé monument historique dès 1840, le mur païen s'étend sur une dizaine de kilomètres et forme une enceinte haute de 3 à 4 mètres, large de près de 2 mètres, encerclant le mont Sainte-Odile, la célèbre colline sacrée d'Alsace. C'est aussi l'une des plus grandes constructions d'Europe.
« Au nord des Alpes, affirme l'*Encyclopédie de l'Alsace,* il n'y a pas d'autre fortification en blocs cyclopéens de cette ampleur. »
C'est le pape Léon IX, au XIe siècle, qui a donné au mur le qualificatif de païen, croyant qu'il datait de l'époque préchrétienne, une époque considérée comme barbare par les autorités catholiques.
Cependant, il est établi aujourd'hui que ce site a été occupé depuis le néolithique, sans doute pour sa position géographique remarquable, dominant la plaine d'Alsace. Si les datations proposées par les nombreux archéologues s'échelonnent de la préhistoire à l'époque mérovingienne, on sait que « cet hallucinant chantier », selon la formule de Francis Mantz, chercheur et auteur d'un livre sur le mur païen, a nécessité l'emploi de plusieurs milliers d'hommes pendant des dizaines d'années.
C'est ainsi que les hypothèses les plus communément admises ont estimé que l'ouvrage avait été construit à l'époque gauloise, avec une probable restauration au temps des grandes invasions, aux IVe et Ve siècles.
Or, fin septembre 2001, Frédérik Letterlé, ancien conservateur régional de l'archéologie d'Alsace, révélait que la construction du mur païen avait dû être réalisée vers 680. En effet, un lot de soixante-cinq tenons en bois, prélevés dans le mur par un érudit dans les années 1873-1875, avait été remis au service archéologique des Affaires culturelles d'Alsace. Dans le même temps, un laboratoire allemand sollicité, le *Labor für Holzanalyse* de Bohlingen, confirma la datation autour du VIIe siècle, déterminant que les tenons du mur étaient issus d'un bois de chêne, du dernier quart du VIIe siècle ou du début du VIIIe. À titre de vérification, un datage par le carbone 14 fut effectué sur un de ces tenons et confirma la date obtenue.
Frédérik Letterlé conclut que la construction a au moins débuté sous le règne du duc Adalric, père de sainte Odile. À cette époque, vers 640-740, le duc devait avoir un château sur le rocher du couvent, protégé par ce mur cyclopéen. Le mont n'était pas aussi boisé qu'aujourd'hui, le mur était plus haut et blanc et, par temps clair, on devait le voir depuis le pays de Bade...
Pourtant, cette hypothèse d'enceinte défensive est elle-même contestée par Francis Mantz, qui considère que ce mur fortifié aurait été plus un piège contre d'éventuels envahisseurs qu'un vrai refuge, le mur étant « impossible à défendre de par son immensité » et la forteresse du mont Sainte-Odile n'ayant jamais été vraiment occupée.

Un lieu de culte ?

Si le doute persiste à propos de la fonction militaire du mur païen, se pourrait-il qu'il eut une fonction religieuse ? Dominique Hermann,

Découvrir le mur païen au détour d'un sentier forestier, c'est plonger brusquement dans l'histoire mystérieuse du mont Sainte-Odile. À travers le temps, on imagine un immense chantier de plus de mille hommes, des combats entre Saxons et Romains, des cris de guerre...

un passionné d'archéologie, n'hésite pas à donner une autre interprétation, plus cosmique, plus mystique, de la construction du mur. Il rappelle en effet que certains archéologues ont affirmé qu'à cet endroit se trouvait un temple solaire. Culte lié au Soleil, à la lumière. Sainte Odile n'apporte-t-elle pas la lumière aux aveugles ? « Les présomptions de l'existence d'un temple solaire sur l'emplacement même du monastère prennent source sur des écrits de Silbermann et Peltre qui ont mentionné des ruines d'une rotonde devant l'entrée de l'actuel monastère, précise Hermann, une sorte de panthéon antique selon certains. Des écrits mentionneraient que le duc Adalric l'aurait transformé en chapelle. Les descriptifs existants en parlent comme d'une ruine en 1681 dont les vestiges ont été éliminés définitivement en 1734... »
On peut facilement y voir un rapprochement entre une ancienne déesse solaire et sainte Odile.
Si c'est le cas, pourquoi le mur païen ne serait-il pas l'enceinte qui protégeait la montagne sacrée, vouée à l'adoration du Soleil ou des astres ?
C'est l'archéologue Robert Forrer qui avait exhumé au début du XXe siècle, sur le site de la Grossmatt, bien en deçà du monastère, trois cents petites pierres travaillées par la main de l'homme, de forme rectangulaire, de 5 à 20 centimètres de long. Ces pierres formaient un cercle, une sorte de miniature d'un temple mégalithique – tel que Stonehenge en Angleterre –, que l'on a ultérieurement qualifié de cercle mégalithique de la Grossmatt. De l'endroit où se trouvaient ces pierres, on a une vue imprenable sur le sommet du massif où se trouve l'actuel monastère. Forrer a donc imaginé que ces pierres étaient la représentation en miniature de ce qu'on pouvait voir sur le rocher sommital, à savoir un temple ou un lieu de culte. Comme ces monuments étaient généralement voués au culte de la lumière et du Soleil, il n'y avait qu'un pas à franchir pour dire

qu'un culte solaire était pratiqué à l'emplacement du monastère actuel. La vénération d'une déesse solaire telle Rosmerta. Ainsi, plus tard, afin de christianiser ce lieu, on y vénéra Odile, patronne des aveugles leur apportant la lumière. Bref, une déesse solaire christianisée.
Il faut quand même préciser que Forrer a été traité de tricheur par la communauté archéologique, qui le soupçonnait d'avoir inventé de toutes pièces son histoire afin de gagner en notoriété.

L'intuition actuelle d'Hermann est simple : la plupart des lieux de culte chrétien actuels ont été édifiés à l'endroit même où, à une époque antérieure, il existait déjà un temple ou un lieu sacré vénéré et fréquenté par des peuples animistes ou païens. Progressivement, ces lieux ont été christianisés, passant d'un statut de site barbare à un haut lieu de dévotion chrétienne. Cette évangélisation avait pour but d'effacer toute trace de paganisme germanique, les peuples des forêts d'Alsace étant restés en effet les plus réticents à la religion chrétienne. Ainsi, le mur païen aurait été l'enceinte qui protégeait la montagne sacrée, vouée à l'adoration du Soleil ou des astres.
En fait, la polémique fait toujours rage et personne ne sait vraiment ce qu'il en est : le mur païen est-il une construction contemporaine du VIIe siècle ou la transformation d'un temple antique ?

« Un événement céleste d'une importance primordiale a eu lieu au cours de l'âge du bronze ancien. Les graveurs du mont Bégo ont reproduit dans la pierre le ciel tel qu'il était lors d'un moment clé du calcul du temps. »

Chantal Jègues-Wolkiewiez, ***Des gravures de la vallée des Merveilles au ciel du mont Bégo***

La vallée des Merveilles

La vallée des Merveilles, classée monument historique depuis 1989, constitue l'un des plus importants sites de gravures rupestres d'Europe, abritant en effet plus de cent mille gravures de la préhistoire, incrustées dans les rochers d'un site dantesque. Elle est traditionnellement considérée comme un sanctuaire, un lieu de pèlerinage consacré à des animaux totémiques cornus tels que le cerf et le taureau, mais l'abondance des inscriptions soulève encore bien des questions. Leur étude date de la fin du siècle dernier et l'inventaire systématique a été entrepris depuis 1967 par Henri de Lumley.

Ci-contre : situé au cœur du parc national du Mercantour, le mont Bégo se dresse au centre de la vallée des Merveilles, qui a conservé quasi intacts des milliers de gravures rupestres.

Page de droite : les gravures rupestres de la vallée des Merveilles évoquent des figures abstraites et énigmatiques. Ici, ce pictogramme représenterait, selon Henry de Lumley, un sorcier du dieu Taureau et daterait de l'âge du bronze ancien (1 800 à 1 500 avant J.-C.).

Une formidable aventure archéologique

Dans les Alpes méridionales, à mi-distance de Saint-Martin-Vésubie et de Tende, le sommet du mont Bégo (2 872 mètres), au sein du Mercantour, domine de hautes vallées parallèles, orientées du sud au nord, s'élevant entre 2 000 et 2 700 mètres. C'est sur ce site de haute montagne que d'anciens bergers ont gravé dans la roche, sur plus de 14 kilomètres carrés des dizaines de milliers de gravures rupestres disséminées au hasard, la plupart datées de l'âge du cuivre et de l'âge du bronze ancien, de l'époque romaine et du haut Moyen Âge.

Les recherches effectuées dans la vallée des Merveilles représentent l'une des plus grandes entreprises archéologiques que l'Europe ait connues. Dès 1879, l'Anglais Clarence Bicknell se passionna pour ce site auquel il consacra plus de trente-cinq ans de sa vie, reconnaissant le premier dans ces curieuses figures des gravures préhistoriques réalisées par une civilisation inconnue. De 1942 au milieu des années 1950, l'Italien Carlo Conti travailla sur le site, fouillant tout particulièrement un abri de roche, le *Gias del Giari*, où il découvrit un outillage préhistorique, donnant ainsi des précisions sur les coutumes des habitants qui avaient gravé les rochers. Depuis 1967, le professeur Henri de Lumley et ses équipes ont entrepris un inventaire méticuleux de ces pétroglyphes, organisant chaque été des campagnes de relevés sur le terrain. Ce travail colossal de recensement et d'analyse systématique des gravures permet de mieux appréhender les croyances des hommes de l'âge du cuivre et de l'âge du bronze ancien.

Datant de l'âge du bronze ancien (fin du néolithique, entre 1 800 et 1 500 avant J.-C.), les gravures représentent non seulement des armes telles que des couteaux, des attelages, des hallebardes, des haches, des épées, mais aussi des profils ornés

Le site grandiose de la vallée des Merveilles, classé monument historique en 1989, abrite des milliers de rochers piquetés de gravures cosmotelluriques.

de cornes et parfois des figures anthropomorphes (« le chef de tribu », « le Christ » et « le Mago » ou « mauvais génie »). Ces êtres cornus qui écartent les doigts de leurs mains vers des astres figurés par des cercles, sont probablement des figures humaines honorant le Soleil et les étoiles. Dans les années 1960, l'écrivain Jean-Paul Clébert évoqua l'hypothèse que ces figures cornues représentaient le cerf, un animal qui fut déifié pendant plus de mille ans pour sa puissance et son rôle magique dans les rites de chasse et de fécondation.

C'est le style des armes gravées qui a permis aux archéologues de situer l'époque de réalisation des gravures protohistoriques au chalcolithique et à l'âge du bronze ancien, soit entre 2400 et 1700 avant J.-C. Leurs auteurs ? Sans doute des bergers ou des pèlerins qui, inspirés par une conception magique du monde, ont raconté leur vie quotidienne, décrit leurs croyances, en gravant des pierres autour de leur montagne sacrée, le mont Bégo.

Une interprétation cosmique

Dans les années 1990, l'anthropologue Chantal Jègues-Wolkiewiez a proposé une interprétation ethno-astronomique de la vallée des Merveilles, comparant la position de certaines gravures avec les constellations du ciel de l'âge du bronze et la course de la Lune et du Soleil dans le ciel. « Un événement céleste d'une importance primordiale a eu lieu au cours de l'âge du bronze ancien, affirme-t-elle. Les graveurs du mont Bégo ont reproduit dans la pierre de la roche dénommée "le dieu aux bras en zigzag", le ciel tel qu'il était lors d'un moment clef du calcul du temps. » Par ailleurs, Chantal Jègues-Wolkiewiez reconnaît dans ces dessins « l'éclipse annulaire de soleil, du 10 octobre 1718 avant notre ère, au moment du lever du soleil ».

Ainsi, « le chef de tribu » avec les bras en croix semble désigner l'axe nord-sud. Quant à « la roche de l'autel », « la roche du chef de tribu » et « la roche de la rouelle », elles sont également disposées selon ce même axe. D'où l'idée que « le chef de tribu » aurait été une sorte de repère pour situer le soleil au solstice d'été, à l'équinoxe d'automne et le jour exact entre ces deux dates. Le dessin gravé sur une autre pierre, « la roche du 6 août », décrit la course du soleil au-dessus de l'équateur pendant une année, entre le solstice et l'équinoxe. Sur la même roche, des cercles concentriques situés au-dessus du point du solstice d'été désigneraient la constellation du Capricorne, qui, à l'époque, apparaissait la nuit à cette période de l'année.

La vallée des Merveilles serait donc un observatoire astronomique néolithique, l'emplacement et la forme des roches faisant envisager l'utilisation de celles-ci comme « outils d'observations et de mesures » de la Terre et du ciel.

« Il y a des êtres mystérieux, toujours les mêmes, qui se tiennent en sentinelles à chaque carrefour de notre vie. » **Patrick Modiano, *Villa triste***

Croyances et paranormal

Les pratiques et les croyances magico-religieuses connaissent aujourd'hui une véritable renaissance en France, aussi bien dans les milieux populaires que dans l'élite universitaire. L'irrationnel englobe des domaines très larges tels que la transcommunication avec l'au-delà, le spiritisme, l'occultisme, le maraboutage, les croyances astrologiques ou les recherches parapsychologiques. Les esprits rationalistes y voient le retour de la pensée magique, les théologiens une déviance religieuse et les gouvernements un terreau pour les sectes. Pourtant, certains sociologues analysent ce goût pour le paranormal comme une réponse aux mutations accélérées de la société, comme une recherche de nouveaux mythes susceptibles de donner un sens à la vie dans un climat angoissé d'apocalypse, un retour à un monde enchanté.

Astrologie, voyance et pratiques occultes

En France, on compte près de cinquante mille voyants et astrologues, bien plus que tous les prêtres, psychanalystes et psychiatres confondus. Le marché de la divination s'élève à 3,2 milliards d'euros. Selon un sondage BVA pour le Domoscope Unilever d'avril 2005, 28 % des Français avouent lire ou écouter un horoscope tous les jours et 42 % se déclarent superstitieux. Près d'un quart des personnes interrogées affirment également posséder un chiffre ou un numéro fétiches. Il s'agit souvent du chiffre 7, qui devance très largement les autres chiffres. De la crainte du chat noir à la peur de passer sous une échelle, en passant par le miroir brisé qui annonce sept ans de malheur, les superstitions imprègnent les comportements modernes des hommes, mais c'est certainement le nombre 13 qui continue à inquiéter le plus de monde. Ainsi, certains architectes, imitant les États-Unis, ne construisent ni de treizième étage, ni de treizième halte dans les ascenseurs, et certaines rues ne portent pas de numéro 13. À l'inverse, les jeux de hasard connaissent un regain d'activité les vendredis 13, les publicités désignant ce jour-là comme un vrai porte-bonheur. L'origine de cette superstition est certainement religieuse : ainsi, le Christ serait mort un vendredi 13, les Templiers sont arrêtés un vendredi 13... « Les gens se créent leurs propres rites, que ce soit à travers un vêtement ou un objet fétiches, souligne l'historien Christophe Lefébure. Ils ont de moins en moins confiance en eux et ne savent plus à quel saint se vouer. Moins rigide que la religion, la superstition permet de choisir sa conduite. »

Autres temps, autres superstitions. Chaque évêché possède un exorciste qui pratique des adjurations contre le diable. Au cimetière du Père-Lachaise, des fervents viennent chaque jour prier sur la tombe d'Allan Kardec, le créateur du spiritisme, pour lui demander protection. Dans le même temps, un vrai marché du retour d'affection se développe.

Les cabinets de sorcières urbaines prolifèrent pour contenter une clientèle de plus en plus nombreuse qui cherche à vaincre ses peurs. Sur Internet, des occultistes proposent des opérations d'envoûtement et de magie noire, et des adolescents gothiques invoquent Satan dans des clubs très réservés. C'est dans ce contexte que Liliane Kuczynski, chargée de recherche au CNRS, a analysé les pratiques des

La bénédiction du gui est une cérémonie druidique encore pratiquée aujourd'hui en Bretagne, qui a lieu chaque été dans une clairière sacrée. Le grand druide de Bretagne en tunique blanche invoque ici, devant les bardes (en bleu) et les ovates (en vert) réunis en cercles, les puissances de la Terre et du ciel.

marabouts d'Afrique de l'Ouest à Paris, montrant qu'ils sont devenus un phénomène de la société parisienne actuelle. Un bref aperçu sociologique nous apprend que les consultants sont surtout des Antillais, mais aussi des Turcs, des Maghrébins, des Portugais et des Français, de toutes les couches sociales, avec une proportion plus forte de jeunes femmes. Même les financiers ont leurs pratiques magiques. Certains utilisent en effet un logiciel s'inspirant des liens prétendus entre les cycles boursiers et la position des constellations.

C'est dans ce climat général favorable au paranormal que l'astrologue Élizabeth Tessier a été promue en avril 2001, docteur en sociologie, avec la mention « très honorable », par un jury présidé par le professeur Serge Moscovici, pour une thèse : « La situation épistémologique de l'astrologie à travers l'ambivalence fascination/rejet dans les sociétés postmodernes. » Le jury a félicité celle qui fut l'astrologue de François Mitterrand pour l'importance de son travail, tout en rappelant à plusieurs reprises que l'astrologie n'était pas une science.

Le culte des arbres à loques

Loin des villes, un des cultes païens les plus mystérieux pratiqués encore aujourd'hui en France est certainement celui des arbres à loques. Les fervents viennent de nuit, seuls ou en petits groupes, suspendre dans les branches d'un arbre chaussons, langes, chemises appartenant à des malades proches, invoquant les forces majestueuses de la nature pour obtenir les faveurs des dieux des forêts et des bosquets. Ces pèlerins issus de toutes les couches sociales célèbrent un culte venu du plus profond des âges, psalmodiant de curieux palindromes gutturaux, mélange d'ancien gaulois et de langue germanique. On peut citer ainsi l'exemple des fervents qui viennent en secret invoquer les bonnes grâces de sainte Pataude sur la Tombe à la Fille au milieu de la forêt de Teillay, près de Châteaubriant. Dans leurs prières, ils demandent la guérison d'un proche, souvent condamné par le corps médical. Pour conforter les forces invisibles, ils suspendent sur les branches d'un if des foulards ou des linges appartenant au malade. Aujourd'hui, le culte est prospère et la tombe est

Ci-dessus : le rite des épingles était très répandu en Armorique au début du XXe siècle. Les jeunes filles en âge de se marier laissaient tomber une épingle au fond d'une fontaine. Si l'épingle coulait à pic, la tête en haut, la jeune fille pouvait espérer se marier dans l'année. Carte postale éditée vers 1910.

Double page suivante : la sorcellerie inspira de nombreux peintres, dont le plus connu fut Goya. Ici, Salvator Rosa (1615-1673) décrit un sabbat, une de ces orgies nocturnes qui avaient lieu loin des villes et où les participants invoquaient le diable pour qu'il vienne les aider dans leur infortune. *Scène de sorcellerie*, 1646, National Gallery, Londres.

Rosa

« Nos princes, sans distinction de parti ni de religion, font souvent appel aux sorciers du XXIe siècle pour conquérir ou garder leur pouvoir, pour forcer leur destin, pour rester les maîtres du monde qui est aussi le nôtre » **Sylvie Jumel, *la Sorcellerie au cœur de la République***

Au Moyen Âge, les superstitions régissaient tous les domaines de l'activité humaine et plus particulièrement les rapports sexuels. Pour que l'amant soit vaillant et qu'il puisse satisfaire les ardeurs de sa maîtresse, celle-ci n'hésitait pas à verser un philtre d'amour dans son breuvage. Malheureusement on a égaré la recette du philtre et perdu en poésie...
***Le Philtre d'amour*, anonyme, 1450, Museum der bildenden Künste, Leipzig.**

toujours recouverte de tulipes, de camélias et de centaines de lettres adressées à sainte Pataude demandant santé, amour, travail et réussite au loto. Derrière la tombe, suspendus à des branches, des vêtements de malades flottent au vent, et dans la fraîcheur du soir, de petits groupes prient.
Les pratiques magiques sur la Tombe à la Fille ne sont pas des cas isolés. La presse régionale cite régulièrement des exemples qui perpétuent le culte des arbres à loques, reproduisant sans le savoir les anciens cultes druidiques. Ainsi, à Sénarpont, dans la Somme, les fervents viennent de toute la Picardie pour appeler la protection des dieux forestiers et de saint Claude en suspendant dans les branches d'un orme des loques, chaussons, chaussettes et vestes appartenant à des malades dont ils sollicitent la guérison. Certains dimanches, on compte plus de cent personnes priant autour de l'arbre sacré. Avec humour, les gens du coin surnomment le site « l'friperie d'Saint-Gleude ».
On peut citer d'autres arbres objets de culte, tels que le tilleul à mariages de Lucheux, dans la Somme, au pied duquel les futurs époux viennent s'embrasser pour bénir leur union, et le chêne à prières de Cheillé, dans l'Indre-et-Loire, visité par les chercheurs de trésors.

La sorcellerie dans la République

Faut-il rappeler que les superstitions et les croyances magiques ne touchent pas uniquement les couches populaires mais aussi les groupes dirigeants ? En effet, depuis Catherine de Médicis jusqu'au président François Mitterrand, des liens ont toujours existé entre politique, voyance et magie noire. Mitterrand lui-même ne consultait-il pas une voyante en pleine guerre du Golfe, en 1990 ?
En 2002, dans *la Sorcellerie au cœur de la République*, Sylvie Jumel, ancien magistrat à la Cour des comptes, gravitant dans les plus hautes sphères du pouvoir politique, affirme que plusieurs dirigeants français connus ont utilisé les services de sorciers. Elle écrit en guise de prologue : « Nos princes, sans distinction de parti ni de religion ou presque, font souvent appel aux sorciers du XXIe siècle pour conquérir ou garder leur pouvoir, pour forcer leur destin, pour rester les maîtres du monde qui est aussi le nôtre. » Elle raconte comment les plus grands hommes politiques français font régulièrement appel à des marabouts et thaumaturges africains. Passionnée depuis de nombreuses années par l'occulte, Sylvie Jumel a utilisé ses contacts et ses réseaux au cœur du pouvoir afin de « dire aux citoyens ce que beaucoup savent mais taisent ».
Dans une émission de télévision, Sylvie Jumel fit ainsi en 2003 de fracassantes révélations. Les hommes politiques, non contents de recourir à des voyantes pour connaître le futur, feraient également appel à des sorciers pour en infléchir le cours.
Ainsi, selon Sylvie Jumel, en 1995, Jacques Chirac, en mauvaise posture dans les sondages pour les élections présidentielles, aurait fait venir un plein charter de marabouts sénégalais pour « travailler » contre Édouard Balladur. Apparemment avec un certain succès, puisque Balladur, donné gagnant par tout le monde, n'a pas atteint le second tour. Dans la même émission de télévision, on put voir un sorcier confectionner de petites boulettes de terre magique dont il truffa secrètement les abords de l'Élysée pendant six mois avant les élections présidentielles de 2002 pour le compte d'un concurrent électoral du président en place. Le sorcier considéra que les 20 % de Jacques Chirac au premier tour étaient une preuve de l'efficacité de son action. Quant aux diverses maladresses du candidat Jospin, elles seraient imputables tout naturellement à quelque activité occulte de plantage d'aiguilles dans une poupée en cire...
Face à ce déferlement de forces occultes, comment ne pas citer Voltaire dans le *Dictionnaire philosophique* : « Et qu'est-ce donc que le sang d'un saint Janvier que vous liquéfiez tous les ans quand vous l'approchez de sa tête ? Ne vaudrait-il pas mieux faire gagner leur vie à dix mille gueux, en les occupant à des travaux utiles, que de faire bouillir le sang d'un saint pour les amuser ? Songer plutôt à faire bouillir leur marmite. »

Hauts lieux sacrés & mystiques

« L'abbaye escarpée, poussée là-bas, loin de terre, comme un manoir fantastique, stupéfiante comme un palais de rêve, invraisemblablement étrange et belle. »

Guy de Maupassant, *la Légende du Mont-Saint-Michel*

Double page précédente : au XIXe siècle, les peintres romantiques représentaient toujours le Mont-Saint-Michel comme un vaisseau de pierre perdu au milieu de la tempête ou comme un refuge pour les marins sur l'océan en furie, justifiant ainsi son vrai nom de Mont-Saint-Michel-au-péril-de-la-Mer. *Le Mont-Saint-Michel*, William Clarkson Stanfield, 1830, National Gallery of Victoria, Melbourne.

Page de droite : depuis son apparition à l'évêque Aubert d'Avranches, au VIIIe siècle, l'archange saint Michel est devenu le symbole emblématique de l'abbaye, le bien triomphant des ténèbres.

Double page suivante : le promenoir des moines est l'une des plus grandes salles du monastère du XIe siècle, offrant un bel exemple de grande voûte sur croisée d'ogives.

Ci-contre : détail d'un bas-relief présent dans la partie droite de l'église figurant une scène biblique.

Le Mont-Saint-Michel

Suspendu à 80 mètres entre ciel et terre, le Mont-Saint-Michel, situé aux frontières de la Bretagne et de la Normandie, est devenu un haut lieu de la spiritualité occidentale, une étape incontournable pour tous les amateurs de voyages sacrés... Car ici, selon la tradition celtique, on quitte la terre pour s'aventurer vers les îles Bienheureuses. Protégé à la fois par l'archange saint Michel et par le dieu celte Lug, le Mont-Saint-Michel, appelé aussi mont Gargan dans les archives du XIIIe siècle, est un étonnant exemple de synthèse des croyances chrétiennes et celtes.

Le sanctuaire de Belenos

L'origine historique de la construction du Mont-Saint-Michel prend racine dans une légende celtique. Le site aurait été un lieu de cultes druidiques que pratiquaient des tribus vivant dans la forêt voisine de Scissy autour du Mont-Saint-Michel. Un historien du XVIIIe siècle, Gilles Deric, affirma même que le rocher était dédié au dieu gaulois du Soleil sous le nom de Mons vel Tumba Beneni : Mont ou Tombe de Belenos. Ainsi, selon la tradition orale locale, le Mont-Saint-Michel, tout comme le rocher de Tombelaine voisin, s'élevait, du temps des Gaulois, au milieu de la forêt de Scissy. Aujourd'hui, si l'on sait que cette forêt est probablement une légende, un manuscrit du XVe siècle atteste qu'une marée d'équinoxe particulièrement violente engloutit en l'an 709 la forêt ou tout au moins une partie du territoire autour du mont, le niveau du sol environnant s'étant affaissé progressivement...

À l'époque mérovingienne, le sanctuaire obtint un statut de nom propre, qu'on accola à Mons, la désignation latine d'une petite montagne. Cela donna le mont Tombe, le grand, et Tombelaine, le petit, appellation française peut-être dérivée de *tumbellana* (qui, en latin, signifie « monticule »).

QVIS·VT
DEVS

Ci-dessus : situé aux confins de la Bretagne et de la Normandie, le Mont-Saint-Michel fut l'un des chantiers les plus fabuleux du Moyen Âge. Cette prouesse de l'architecture monastique s'échelonna entre le Xe et le XVe siècle.

Page de droite : haut lieu de la spiritualité occidentale, le Mont-Saint-Michel inspira de nombreux artistes. Ainsi, les enluminures médiévales aimaient représenter saint Michel terrassant le dragon, dans un combat édifiant au-dessus de l'abbaye. *Saint Michel défiant le dragon au-dessus du Mont-Saint-Michel*, Pol de Limbourg, 1416, musée Condé, Chantilly.

Les hypothèses sur le nom même du Mont-Saint-Michel ne manquent pas. Beaucoup d'auteurs font par exemple le lien entre Tombe-Belen (Tombelaine) et Belenos (« brillant »), le dieu celtique du Soleil, du Feu et de la Lumière. Des mythologues établissent même un lien entre l'archange Michel, créature solaire, et Mithra, dieu de la Guerre, dont les adorateurs ont peut-être occupé le mont Tombe... Une tradition locale raconte aussi qu'en 490, l'archange avait transmis sa volonté d'être honoré au fond d'une grotte à travers un taureau qui s'y était réfugié. À ce propos, on observe d'étonnantes similitudes avec le culte de Mithra, dont les adorateurs s'aspergeaient du sang d'un taureau immolé au-dessus de leur tête, au cours de sombres cérémonies au fond des grottes.

La demeure de l'archange saint Michel

L'eschatologie chrétienne considère que le Mont-Saint-Michel doit son origine à un certain évêque Aubert, qui, sur l'ordre d'un ange, décida de construire en 709 un oratoire se dressant comme une forteresse religieuse face à l'océan. Ce sanctuaire en forme de grotte, dont les restes ont été retrouvés, est encore visible dans la chapelle Notre-Dame-sous-Terre, c'est-à-dire juste sous la nef de l'abbatiale. C'est ainsi que le Mont-Saint-Michel perdit, en 710, son appellation de « mont Tombe » pour prendre celle de Mont-Saint-Michel-au-péril-de-la-Mer. L'endroit devint si fréquenté qu'en 965, le duc Richard Ier de Normandie décida d'y installer une abbaye bénédictine et d'y construire une église préromane. Dès lors, le Mont devint un important centre intellectuel, doté d'une école et d'ateliers de copies et d'enluminures de manuscrits. Le souffle de l'archange saint Michel, qui chassa Lucifer du paradis et terrassa le dragon, venait de faire tomber définitivement de l'ancien mont les dieux païens qui l'habitaient. Ainsi, le Mont-Saint-Michel entrait dans l'histoire de la chrétienté.

Benedicite do
minum oẽs
angeli eius
potentes uirtute qui facitis

uerbum eius ad audiendã
uocem sermonum eius ps.
Benedic anima mea do
mino et omnia que intra

Le souffle de l'archange saint Michel venait de faire tomber définitivement de l'ancien mont les dieux païens qui l'habitaient. Ainsi, le Mont-Saint-Michel entrait dans l'histoire de la chrétienté.

CI-DESSUS : le cloître à ciel ouvert, où les moines répétaient la parole de Dieu, fait partie des six édifices gothiques étagés sur trois niveaux le long de la nef.

PAGE DE DROITE : l'église abbatiale, longue de 75 mètres, présente une parfaite harmonie entre le style roman de la nef et l'architecture flamboyante du chœur.

Dès lors, le culte de saint Michel devint le plus populaire en Gaule à l'époque carolingienne et l'archange fut proclamé « protecteur et prince de l'empire des Gaules ». Le pèlerinage au Mont-Saint-Michel attirait une foule de plus en plus nombreuse. Un moine du Mont raconte, en 1333 : « Une multitude d'enfants qui se nommaient Pastoureaux vinrent au Mont, de divers pays lointains. Plusieurs assuraient qu'ils avaient entendu des voix célestes qui leur disaient "Va au Mont-Saint-Michel" et qu'ils avaient aussitôt obéi et s'étaient mis en chemin, laissant leurs troupeaux dans les champs, et marchant vers ce mont sans dire adieu à personne. » Des milliers d'enfants vinrent ainsi de toute l'Europe, en pèlerinage au Mont-Saint-Michel, marchant derrière des bannières ornées de l'image de l'archange, chantant sur les places et mendiant leur pain. L'économie du Mont fut ainsi tributaire, pendant douze siècles, des nombreux pèlerinages à saint Michel, jusqu'à la Révolution française. On venait de toute l'Europe du Nord en pèlerinage à l'abbaye, de l'Angleterre à la France du nord et de l'ouest.
À la fin du Moyen Âge, le Mont-Saint-Michel devint une étape incontournable pour les puissants du royaume français tels le roi Charles VI, qui s'y rendit par deux fois, ou le Dauphin, futur Charles VII, qui se plaça même sous l'égide de saint Michel. En 1427, cent dix-neuf chevaliers montrèrent leur dévotion au saint et leur désir de défendre le sanctuaire en faisant peindre leurs armoiries sur le transept sud de l'église abbatiale. Quelques années plus tard, Jeanne d'Arc, exaltant ses troupes contre les Anglais, confessera qu'elle tenait directement de « saint Michel, roi du ciel » sa mission de sauver la France. Par une de ces coïncidences hasardeuses, elle délivrera la ville d'Orléans un 8 mai, jour de l'apparition de l'archange au mont Gargan. Le 1er août 1469, le roi Louis XI fonda l'ordre chevaleresque de saint Michel en ces termes : « Nous avons constitué, créé et ordonné, et par ces présentes créons, constituons et ordonnons un Ordre de fraternité ou aimable compagnie de certain nombre de chevaliers jusqu'à trente-six, lequel voulons être l'Ordre de saint Michel. »
Quant au village, implanté sur le Mont en 709, il s'est progressivement développé à l'ombre de son abbaye médiévale. Au nord de l'église Saint-Pierre, le bâtiment double, appelé La Merveille, construit sur trois niveaux à flanc de rocher est un chef-d'œuvre de l'architecture gothique.
À partir du XIXe siècle, les écrivains et peintres romantiques ont commencé à fréquenter le Mont, attirés, comme Guy de Maupassant, par son charme trouble. Dans la deuxième moitié du XXe siècle, le site est devenu l'une des premières destinations touristiques de France. On compte en effet aujourd'hui trois millions de visiteurs annuels, dont un million monte jusqu'à l'abbaye, toujours dominée par la statue de l'archange sacré.

Selon l'ésotériste Louis Charpentier, la cathédrale a été construite dans une optique d'élévation mystique reliant la crypte à la flèche tendue vers le ciel.

La cathédrale de Chartres

Flamboyante cathédrale gothique, teintée à l'intérieur par des vitraux d'une luminosité surnaturelle, Notre-Dame de Chartres fut construite en trente ans, immédiatement après l'incendie de 1194, qui ravagea l'ancienne cathédrale romane du XIe siècle. Elle s'imposa très vite par son étonnante unité et son incomparable harmonie. Aujourd'hui, si la cathédrale est connue pour son pèlerinage, qui a lieu chaque année au mois de mars, elle présente cependant bien des aspects étranges pour une église chrétienne.

La tradition populaire a toujours considéré que la cathédrale Notre-Dame de Chartres avait été édifiée sur les ruines d'un sanctuaire celtique où les druides gaulois auraient pratiqué des cérémonies sacrificielles.
Au XIXe siècle, les historiens romantiques et les illustrateurs celtophiles ont beaucoup exagéré ces rituels, imaginant que les druides égorgeaient leurs victimes en offrande à la nature. Illustration d'Alphonse de Neuville, extraite de *l'Histoire de France* de Francois Guizot, 1872.

Un héritage celte

Ancien Autricum des Celtes (nom latin donné à Chartres), le site de la cathédrale fut pendant longtemps le haut lieu des réunions régulières du Collège des druides de Gaule. Le nom même de Chartres a, semble-t-il, une origine celtique car il pourrait provenir soit de *carns*, nom donné aux autels de pierre utilisés par les druides, soit de *carnut-Is*, qui signifie « lieu sacré des Carnutes », du nom des Gaulois habitant la région lors de la conquête romaine.
Avant l'édification de la première église, le site fut occupé par un temple païen dans lequel s'ouvrait un puits sacré qui s'enfonçait à plus de 33 mètres de profondeur. La légende affirme par ailleurs que c'est dans ce puits, dit « des Saints-Forts », qu'ont été précipités les premiers martyrs chrétiens de la région.
Aujourd'hui, les pèlerins et les amateurs d'ésotérisme n'oublient jamais de descendre dans la crypte, considérée comme un haut lieu tellurique. Dessinée en forme de U et située juste sous le chœur de la cathédrale, elle est devenue un lieu symbolique à triple vocation. D'abord comme souvenir des anciens cultes druidiques, ensuite comme lieu de dépôt d'un fragment du « voile de la Vierge » conservé dans un reliquaire, enfin, comme passage spirituel pour les pèlerins qui, entrant dans la cathédrale par la porte nord de la crypte, abordent la visite par le côté le plus sombre, et en ressortent par le côté sud, vers la lumière.
Autre aspect celtique de la cathédrale, la rivière souterraine qui coule sous la crypte. Les spécialistes en cosmotellurisme y voient la preuve d'un ancien culte des énergies telluriques de la Terre mère à jamais inscrit dans le monument. Selon l'ésotériste Louis Charpentier, la cathédrale a été construite dans une optique d'élévation mystique reliant la crypte à la flèche tendue vers le ciel.
La cathédrale de Chartres est-elle l'héritière des dolmens sous lesquels les druides conviaient leurs novices à accéder à l'initiation ? Est-elle ce « livre de pierres » dans lequel de savants frères constructeurs inscrivirent les données harmoniques des Lois divines que Moïse avait gravées sur les pierres du Sinaï ? Autant de questions que Louis Charpentier se posa au sujet de la cathédrale de Chartres, considérant qu'elle cachait un savoir perdu.

L'étrange décor de la cathédrale de Chartres

On ne connaît rien du maître d'œuvre qui osa lancer, pour la première fois à une telle hauteur, les voûtes sur croisée d'ogives. Ce que l'on peut dire, c'est que le maître de Chartres innova prudemment. Dans l'élévation, le triforium remplace les tribunes, les hautes fenêtres chassent le mur, cédant la place aux vitraux, faisant de la cathédrale de Chartres le premier sanctuaire chrétien dont les architectes décidèrent que tout le système de structure assurant la stabilité reposerait sur l'emploi d'arcs-boutants, servant ainsi à conduire les prières vers le ciel, attirant irrésistiblement les fidèles vers le haut, là où réside Dieu.

CI-DESSUS : la cathédrale de Chartres, édifiée entre 1134 et 1260, fut construite sur un tertre sacré des Carnutes. C'est cette double filiation, celtique et chrétienne, qui donne à cette cathédrale un côté très mystérieux, une invitation à un voyage à la fois spirituel et ésotérique.

PAGE DE DROITE : le labyrinthe de Chartres, tracé par Villard de Honnecourt au XIIIe siècle, attire encore aujourd'hui de nombreux pèlerins et curieux. Ce chemin symbolique mène l'homme de la Terre à Dieu. Le centre de cette grande figure représente la Cité de Dieu. Le pèlerin est invité à emprunter la ligne tracée face à lui pour monter vers le chœur de la cathédrale, vers l'orient, la lumière.

Si la cathédrale de Chartres est devenue cet hymne flamboyant au message du Christ, il n'en demeure pas moins que certains éléments architecturaux peuvent troubler. Ainsi, c'est l'orientation insolite de la cathédrale qui frappe d'abord le visiteur. En effet, alors que la plupart des églises sont tournées vers l'est, c'est-à-dire vers la Palestine, berceau du christianisme, Notre-Dame de Chartres est dirigée vers le nord-est, donc orientée non pas vers l'orient, mais dans l'axe du solstice d'été, orientation connue pour être celle des anciens cultes païens. Cependant, cette anomalie peut s'expliquer par la nécessité de prendre appui sur les bases enterrées de l'ancien temple païen.

La visite de la cathédrale offre d'autres surprises, comme la présence de symboles astrologiques tels que des poissons ou des visages, gravés au burin dans les pierres ou les vitraux. Dès l'entrée, sur le portail royal ouest, on peut distinguer des signes du zodiaque tels que les gémeaux, qui font référence à la double nature humaine, homme et femme, et le poisson, qui fait référence au Christ. Mais c'est sans doute le vitrail du Zodiaque, représentant une mosaïque consacrée aux douze signes astrologiques, qui étonne le plus l'amateur d'énigmes religieuses. Faut-il y voir la trace d'un message secret, d'un code énigmatique à destination d'initiés ? Sans doute que non, car il faut savoir en effet qu'au Moyen Âge l'astrologie était enseignée à la Sorbonne et que ce vitrail dédié aux signes astrologiques s'explique par le contexte sociologique de l'époque : la croyance que le destin des hommes était soumis aux fantaisies des astres et à des forces invisibles.

Enfin, comment ne pas évoquer l'élément le plus énigmatique de la cathédrale, le fameux labyrinthe, surnommé « la lieue de Jésuralem » ? On sait que Villard de Honnecourt, maître d'œuvre cambrésien, l'a tracé au XIIIe siècle.

De forme circulaire, de près de 13 mètres de diamètre, c'est un dessin incrusté dans le sol de la nef, constitué de onze bandes parallèles de dalles noires qui s'enroulent pour former un parcours de plus de 260 mètres de long. Les pèlerins du XIIIe siècle qui ne pouvaient aller en Terre sainte parcouraient ce chemin à genoux en priant, mimant le pèlerinage vers Jérusalem et bénéficiant ainsi des mêmes grâces et des mêmes indulgences de la part des prêtres.

Héritage médiéval rare, le labyrinthe de Chartres est, parmi tous les labyrinthes des cathédrales françaises, l'un des plus longs. Aujourd'hui, il n'en existe plus que dans les cathédrales d'Amiens, de Saint-Quentin et de Bayeux.

Quatre mille personnes animées d'une foi solide, marchant et chantant pendant 12 kilomètres, à travers la campagne, autour de Locronan ; vieilles femmes en jupe droite, scouts rieurs, pèlerins en sandales, couples fervents…

Cette statue de saint Roch, dans l'église de Locronan, fut réalisée en 1509 par le sculpteur Guillimin. Ce saint était un grand protecteur contre la peste. En soignant les pestiférés, il contracta lui-même le mal et fit le pèlerinage de Rome.

La Troménie de Locronan

Le pardon de la Grande Troménie de Locronan est certainement le plus païen des pardons bretons. Il rassemble pendant huit jours, tous les six ans (le prochain aura lieu en 2007), au mois de juillet, des milliers de pèlerins. C'est une procession à pied de 12 kilomètres qui, à travers champs et vieux chemins gaulois, reprend le trajet de saint Ronan, fondateur de Locronan.
La marche se fait, bannières brodées flottant au vent, au rythme des tambours et des prédications. À côté de cette procession solennelle existent de nombreuses troménies privées, accomplies seul ou en groupes d'amis, de jour comme de nuit.

Un pardon chrétien

Issue du breton *tro minihi*, la troménie signifie en français « tour du milieu », c'est-à-dire le tour de l'enclos monastique. L'ascension du Menez-Lokorn (montagne ou plutôt colline de Locronan) a justifié chez de nombreux auteurs l'étymologie de troménie par *tro-menez* ou tour de la montagne. L'hagiographie du haut Moyen Âge souligne que la région a été christianisée au VIIe siècle par saint Ronan, un ermite irlandais.
Selon la tradition orale contemporaine, saint Ronan parcourait chaque jour en pénitence le circuit de la Petite Troménie, et chaque dimanche celui de la Grande. La ville de Locronan, dont le nom signifie « l'espace (*locus*) de Ronan », conserve à jamais la trace de son passage.
On distingue deux troménies : la première, la Petite Troménie, a lieu chaque année ; la seconde, la Grande Troménie, tous les six ans. Locronan, avec les paroisses avoisinantes, célèbre le culte de son saint patron irlandais, selon un rite processionnel hérité d'une tradition millénaire.
Dès le mois de juin, les femmes et les hommes de Locronan préparent le chemin de la grande procession, en défrichant et en édifiant des cabanes de branchages qui seront autant de stations de prière pour les pèlerins. L'itinéraire du pardon consiste en un tour de Locronan par les champs et les sentiers, en gravissant la montagne de la ville.
La procession marche dans le sens du soleil et les pèlerins font étape auprès de pierres sacrées. De petites huttes de branchages fleuries, recouvertes de draps blancs, abritent les statues de saints.
La procession part de l'église Saint-Ronan, dont Flaubert a fait une description lyrique lors de son voyage en Bretagne : « Un étonnant monument de mousse, avec ses grands lichens d'argent qui dessinent sur ses murs les nuages mêmes de l'éternité… »
Très populaire, la Troménie attire des centaines de pèlerins et de touristes qui déambulent en short blanc dans les ruelles pavées à l'ancienne de Locronan. Tout commence par une messe.
Des chants montent bientôt dans le ciel. Au même moment, des centaines de fidèles convergent vers la petite église de Locronan.
Sublime programme de chants bretons, de processions, de messes de nuit, de vénération des reliques de saint Ronan : une semaine entière dédiée à ce saint du VIIe siècle qui, à la recherche d'un lieu solitaire et propre à servir Dieu, établit son ermitage à l'entrée de la ville. L'église est souvent trop petite pour accueillir toute cette ferveur. Après le partage du pain béni, la procession se met en route vers l'est : quatre mille personnes animées d'une foi solide, marchant et chantant pendant 12 kilomètres, à travers la campagne, autour de Locronan ; vieilles femmes en jupe droite, scouts rieurs, pèlerins en sandales, couples fervents.
Les hommes sont vêtus de vestes de velours noir, les femmes de longues robes de drap brodé.

Un rituel celtique

Bien que le rituel contemporain de la Troménie soit éminemment catholique, son circuit aurait, selon l'hypothèse de l'ethnologue Donatien Laurent, des racines celtiques. Il faut remonter en effet aux Celtes, et peut-être aux peuples néolithiques, pour trouver l'origine de la Troménie. Il semblerait ainsi qu'elle ait repris le circuit d'un ancien sanctuaire païen (Nemeton). Selon Donatien Laurent, la Troménie est une survivance païenne, « la continuation d'un grand cérémonial préchrétien lié à la représentation du cycle calendaire » qui était de six ans chez les anciens Gaulois. La procession est ponctuée d'étapes auprès de pierres sacrées, se faisant toujours dans le sens du soleil. Ainsi, la Troménie s'inspirerait du Nemeton druidique gaulois. La forme du circuit, le nombre de stations (dix) et sa périodicité sexennale renvoient à l'époque préchrétienne.

La procession se fait tout d'abord dans le sens du soleil, partant vers la droite en sortant de l'église de Locronan, comme dans les grands rituels druidiques irlandais de circumambulation. Symboles de fécondité, ces marches rappellent l'origine agropastorale de ces rituels. Ensuite, la configuration quadrangulaire du circuit s'inspire de la structure du calendrier gaulois gravé sur une grande table de bronze au IIe siècle et retrouvé en 1897 dans l'Est de la France, le fameux calendrier de Coligny. Enfin, la forêt de Nevet conserve la trace toponymique d'un Nemeton, espace sacré dans lequel les druides officiaient.

Aujourd'hui, la Grande Troménie ressemble à sa consœur irlandaise, qui se déroule à la fête celtique de Lugnasad. En ce sens, saint Ronan est bien devenu un successeur chrétien du dieu celte Lug.

Le pardon de la Grande Troménie de Locronan est une fête magico-religieuse qui rassemble pendant huit jours tous les six ans, au mois de juillet, des milliers de pèlerins. Cette procession de 12 kilomètres à pied à travers champs et vieux chemins gaulois reprend le trajet de saint Ronan, fondateur de Locronan. La marche se fait, bannières brodées flottant au vent, au rythme des tambours et des prédications.

À l'ombre des murailles du château de Montségur se constitua un véritable village cathare avec son évêque, ses diacres et ses fidèles.

PAGE DE DROITE : le 16 mars 1244, 225 cathares qui refusaient de se convertir au catholicisme furent brûlés vifs, au pied du château de Montségur, sous l'extrême vigilance des inquisiteurs, soucieux d'éradiquer pour toujours l'hérésie. Aujourd'hui, le champ des crémats (brûlés) est devenu un lieu de rendez-vous de tous ceux qui honorent encore la religion cathare. *Les Hérétiques de Montségur*, gravure d'Émile Bayard extraite de *l'Histoire de France* d'Henri Martin, 1885.

CI-DESSOUS : Montségur fait partie de ces citadelles du vertige qui ont façonné la légende des cathares. Le château, à l'élégance altière et rugueuse, fut le dernier refuge des chevaliers cathares, qui résistèrent pendant neuf mois aux armées royales avant de se rendre et d'être brûlés.

Le château de Montségur

Dernière forteresse des cathares, le château de Montségur se dresse sur un pic escarpé à 1 207 mètres d'altitude au milieu des forêts de l'actuel département de l'Ariège. Véritable capitale mystique, le château résista à la croisade des seigneurs catholiques du Nord jusqu'en 1244. Après sa reddition, deux cent vingt-cinq cathares furent livrés à ses pieds aux flammes du bûcher. Admirablement situé, émergeant des premiers contreforts des Pyrénées, le château de Montségur est devenu, à tort ou à raison, un haut lieu de l'ésotérisme moderne, un carrefour où se rencontrent les mystères de la mythologie cathare et de la symbolique occidentale.

La citadelle des cathares

Montségur signifie « la montagne sûre », dénomination que le voyageur ne peut que constater quand il découvre les ruines altières de la forteresse, perchée à plus de 1 000 mètres et noyée dans la lumière étincelante du soleil. Le château, bâti sur ce site naturel, constituait alors une défense exceptionnelle contre les bandes armées et autres pillards. Il fut même renforcé en 1204 par le seigneur du lieu, Raymond de Péreille, à la demande de la communauté cathare. À cette époque, la religion cathare n'était pas pourchassée, et les cathares eux-mêmes (du grec *katharos,* qui signifie « pur ») cherchaient davantage à construire un lieu spirituel qu'une place forte, un lieu sacré pour y épanouir les rituels secrets de leur foi.
Le château de Montségur abritait au XIIIe siècle une centaine d'hommes d'armes, des « faidits » – seigneurs dépossédés de leur fief – , et leurs familles, autour du seigneur du lieu, Raymond de Péreille. À l'ombre des murailles se constitua ainsi un véritable village cathare de six cents habitants avec son évêque, ses diacres et ses fidèles.
En 1230, une centaine d'hommes, sous le commandement de Pierre Roger de Mirepoix, vivait dans l'enceinte du château. Hors de ses murs, une communauté de cathares s'était réfugiée avec ses parfaits et ses parfaites, cathares qui avaient reçu le baptême de l'esprit et se soumettaient à une recherche constante de la perfection. Le prestige du lieu et les pèlerinages qu'il attira firent de l'ombre à l'Église et à la royauté.
Un événement tragique – le massacre des membres du tribunal de l'Inquisition, à Avignonet en 1242, par une troupe descendue de Montségur – provoqua la colère de Blanche de Castille et du clergé, qui organisèrent en représailles le siège de la forteresse pendant neuf mois, de juillet 1243 à mars 1244. Lors de la capitulation de Montségur, en mars 1244, le château abritait une communauté de plus de deux cents cathares et une garnison d'hommes d'armes avec leur famille, soit au total cinq cents personnes, toutes épuisées.
À l'issue d'une trêve de quinze jours suivant la capitulation, les deux cent vingt-cinq cathares, ayant refusé d'abjurer leur foi, furent condamnés, et le 16 mars, ils périrent sur un bûcher aujourd'hui connu sous le nom de *Prat dels Cramats* (« champ des brûlés »), leur martyre marquant la fin de la croisade des albigeois.

Chaque année au solstice d'été, le 21 juin, les premiers rayons du soleil traversent les meurtrières du château et resurgissent de l'autre côté de la muraille. Cette curiosité séduit les adeptes du new age et les mystiques adorateurs du Soleil.

Après la chute de Montségur, il ne subsista pratiquement plus rien de l'hérésie qui avait, pendant quelques décennies, menacé l'unité de la chrétienté occidentale. Un demi-siècle plus tard, les inquisiteurs eurent raison des derniers fidèles réfugiés dans quelques villages reculés des Pyrénées comme Montaillou, devenu célèbre grâce au livre que lui a consacré, en 1975, l'historien Emmanuel Le Roy Ladurie. La France de langue d'oc se ralliait ainsi sans réticence à la monarchie capétienne.

À partir de la chute de Montségur naquirent d'étranges rumeurs, notamment celle d'un trésor caché par les cathares. Ainsi, selon le témoignage d'Imbert de Salles, vers Noël 1243, deux parfaits, Pierre Bonnet, diacre de Toulouse, et Mathieu, quittèrent Montségur, emportant avec eux un mystérieux trésor. Le 16 mars 1244, au moment de la reddition de Montségur, quatre autres parfaits se cachèrent dans une grotte ou un souterrain du château, avant de descendre, à l'aide de cordes, dans le ravin, le long de la falaise, portant avec eux un mystérieux chargement... Ils gagnèrent ensuite un château par Caussou et Prades.

Montségur, temple solaire...

Les historiens ont longtemps considéré Montségur non seulement comme une citadelle, mais aussi comme un temple solaire. En effet, l'architecture du château offre un aspect particulièrement insolite. Fernand Niel a ainsi conclu, dans les années 1970, à la suite d'une étude précise sur l'orientation du château, que celui-ci avait été bâti selon un plan solaire. Lors du solstice d'été, le 21 juin, le château est en effet traversé de part en part par les rayons du soleil et les quatre meurtrières du donjon, situé au nord-ouest, sont alignées en direction du soleil levant. Ce phénomène cosmique a troublé les observateurs, laissant penser qu'un culte solaire avait été pratiqué à Montségur. Une croyance par ailleurs confortée par la rumeur que le catharisme était une religion solaire, les cathares étant ainsi considérés, selon certains écrivains ésotéristes, comme des adorateurs du soleil. Si l'on peut trouver l'interprétation de Fernand Niel très séduisante, il faut rappeler que l'orientation de Montségur ne diffère pas de celle des églises, des mosquées ou des temples grecs et égyptiens, tous tournés vers l'est. Le soleil fut, en effet, pendant des siècles,

le symbole élémentaire du cycle de l'éternel retour, vie, mort et renaissance, symbole que l'on retrouve à l'origine de toutes les religions antiques. Enfin, comment ne pas rappeler que l'on constate des orientations similaires dans de nombreux châteaux médiévaux, dont les bâtisseurs furent inspirés par le désir d'être tout simplement en harmonie avec la nature ?

… ou château du Graal ?

Montségur est devenu l'un de ces hauts lieux qui tourmentent, enflamment encore l'imagination et attirent tous ceux qui cherchent le Graal. Il a ainsi longtemps été considéré comme le château qui l'aurait abrité, un château où certaines clés de la connaissance des chevaliers mystiques étaient, dit-on, conservées par les cathares.
Depuis 1968, un chantier de fouilles a permis aux historiens d'exhumer les vestiges de la vie quotidienne des derniers occupants du château et de reconstituer le déroulement des derniers mois du siège de 1244. Cependant, rien n'a été découvert concernant le Graal, et si le mystère subsiste toujours, beaucoup le cherchèrent dans ses ruines. Ainsi, Otto Rahn, un chercheur allemand, fouilla le château de Montségur et sa région à la recherche du vase sacré, entre 1929 et 1936, au cours de plusieurs séjours dans la région, identifiant Montségur comme le château fort du Graal décrit dans le récit de Perceval. Pourtant, ses recherches n'aboutirent pas, puisqu'une expédition commandée par l'Allemagne nazie fut organisée en 1943, sous l'Occupation, pour retrouver le Graal d'après les indications du chercheur allemand. Heinrich Himmler considérait en effet qu'il avait un pouvoir magique et que les nazis devaient le récupérer pour gagner la guerre.
On pourrait conclure avec l'historienne Anne Brenon, qui déclare avec émotion : « Si j'avais le plaisir de grimper un jour à Montségur en votre compagnie, je vous dirais : si aujourd'hui mille récupérations ésotériques et mercantiles entretiennent autour du catharisme une atmosphère de faux mystère, l'histoire s'écrit sur des textes, et des textes, on n'en manque pas. Lisez l'histoire ; l'exclu du Moyen Âge, ce fut l'hérétique, puis le lépreux, puis le juif, mais la chaîne est sans fin… »

« Voilà le superbe, l'immense vaisseau dressé face à l'est magnétique, fier et de si haut ! Gardé par des bastions plus altiers encore au-dessus d'un énorme rocher, il vogue droit sur le soleil levant, l'éventre, s'éclabousse d'écume, s'en recouvre… » **Jules Roy, *Vézelay ou l'Amour fou***

Vézelay, « la colline éternelle »

Page de droite : les fidèles aiment se recueillir dans un coin du chœur de l'église éclairé par de hautes fenêtres qui laissent filtrer la lumière… comme une invitation aux mystères.

Ci-dessous : ce détail d'un chapiteau sculpté de la basilique de Vézelay illustre parfaitement l'art roman où hommes, bêtes et monstres se côtoient pour l'éternité.

Double page suivante : le tympan du portail central de la basilique de Vézelay s'inspire des fresques du XIIe siècle représentant le Jugement dernier. Détail étrange : les mains du Christ en gloire répandent d'étranges rayons lumineux vers ses disciples. L'imaginaire roman mélange ici eschatologie chrétienne et légendes celtiques.

Surnommé mont Scorpion par les Romains et colline éternelle par les chrétiens, Vézelay est devenu un haut lieu sacré de la chrétienté médiévale. Édifiée par l'abbé Artaud en 1096, la basilique fut reconstruite, après un gigantesque incendie le 21 juillet 1120, par Renaud de Semur de 1120 à 1140 et restaurée en 1840 par Viollet-le-Duc. Le magnétisme du site s'est imposé autant aux croyants qu'aux agnostiques, attirant des personnalités aussi différentes que Bernard de Clairvaux, le « faiseur de papes et d'empereurs », l'archevêque Thomas Becket, des écrivains, Paul Claudel et Jules Roy, et le chanteur Serge Gainsbourg.

L'acropole chrétienne

Célébré par Maurice Druon dans *Vézelay, colline éternelle*, ce haut lieu du monde occidental est en grande partie méconnu, malgré l'affluence des visiteurs et des pèlerins. Très naturellement, l'ancien site celtique est devenu une véritable « acropole chrétienne » pouvant, en pleine gloire, héberger un roi et sa cour au complet.

Placé sous le patronage de sainte Marie-Madeleine depuis 1050, Vézelay attire depuis lors des foules de pèlerins, les reliques de la sainte suscitant encore aujourd'hui une immense ferveur populaire. Saint Bernard y prêcha la deuxième croisade en 1146, et en 1190, la troisième croisade partit de Vézelay. De l'abbaye fondée au IXe siècle par Girart de Roussillon, il ne reste plus que la basilique, dont la nef majestueuse mesure 62,50 mètres de long et 18,55 mètres de haut. Son prestige déclina dès le XIIIe siècle, et le monastère, sécularisé en 1538, fut vendu pierre par pierre après la Révolution. L'abbatiale, épargnée, servit d'écuries et de latrines. Sans Prosper Mérimée, devenu inspecteur général des Monuments historiques sous Louis-Philippe, la Madeleine ne serait plus qu'une ruine. Lorsqu'il la visita, Mérimée entendit « à chaque instant de petites pierres se détacher et tomber » autour de lui. Il confia en 1840 le chantier à Viollet-le-Duc, un jeune architecte de 26 ans, dont ce sera la première restauration.

Vézelay est aussi une basilique sacrée qui inspira des générations d'écrivains et tout particulièrement Jules Roy, qui écrivit à son propos dans *Vézelay ou l'Amour fou* :

« Voilà le superbe, l'immense vaisseau dressé face à l'est magnétique, fier et de si haut ! Gardé par des bastions plus altiers encore au-dessus d'un énorme rocher, il vogue droit sur le soleil levant, l'éventre, s'éclabousse d'écume, s'en recouvre… »

Ci-dessus : une croix sur l'autel, symbole de lumière et d'espérance selon les chrétiens.

Page de droite : c'est le 31 mars 1146 que saint Bernard prêche la deuxième croisade à Vézelay en présence du roi Louis VII, de la reine Aliénor d'Aquitaine et de l'abbé Suger. Exalté, il demande aux croisés, chevaliers et pèlerins, d'aller libérer le Saint-Sépulcre. *Saint Bernard prêchant la deuxième croisade*, Émile Signol, 1840, châteaux de Versailles et Trianon, Versailles.

Un haut lieu initiatique

Les pèlerins vont à Vézelay comme vers une étoile. Déjà singulier par sa situation géographique, posé sur une sorte de promontoire vers le ciel, ce site est un haut lieu sacré et, indépendamment de l'aspect chrétien, la Madeleine de Vézelay abrite plusieurs mystères.
Pour commencer, qui était donc cette femme dont on vénère les os, serrés dans un reliquaire au fond de la crypte ? Marie-Madeleine, la pécheresse repentie, à qui l'on dédia ce sanctuaire ? Ou une inconnue, produit d'une légendaire supercherie ?
Ensuite, comment ne pas observer que l'église de la Madeleine a été édifiée selon le cycle solaire ? En effet, au solstice d'été, le soleil de midi diffusé par les fenêtres hautes du mur sud se répand sur le sol de l'église en taches alignées dans l'axe même de la nef.
Enfin, son grand portail demeure sans doute l'œuvre d'art la plus mystérieuse et la plus énigmatique du patrimoine religieux français. Comment en effet interpréter ce Christ majestueux dont les mains ouvertes répandent d'étranges rayons lumineux en direction de ses disciples, disposés de part et d'autre de lui ? Transmission de l'esprit ? Envoi en mission des douze apôtres ? Passes magnétiques ? L'historien d'art Émile Mâle commente le portail en ces termes : « Dans ce tympan que domine la formidable figure du Christ, tout est passion, souffle et flamme. » L'écrivain Henri Vincenot voyait la trace du dieu celte Lug dans ce Christ glorieux aux mains lumineuses.
En ce sens, on peut dire que la basilique abrite plusieurs messages cachés, longtemps conservés par les anciens moines, peut-être gardiens d'un savoir druidique, et sculptés dans la pierre. Certains ésotéristes considèrent ainsi que le serpent qui se mord la queue, au pied du premier pilier nord de la nef, symbolise un message druidique. Ils voient également dans les marques des tailleurs de pierre, semées sur presque chaque moellon, la marque de l'équerre et du compas, instruments du Grand Architecte. Comment ne pas voir que Vézelay comporte un message symbolique et initiatique, pratiquement jamais mis en lumière ? Ce message, compris des hommes du Moyen Âge, explique sans doute le choix de Vézelay comme l'un des points de départ vers Saint-Jacques-de-Compostelle, ainsi que celui de la seconde croisade prêchée par saint Bernard. Pour tous ceux que la démarche initiatique interpelle, la basilique de Vézelay est une étape incontournable.

Sur les traces des Templiers

CI-CONTRE : habillés d'une tunique blanche barrée d'une croix rouge, les chevaliers du Temple avaient pour fonction de protéger les pèlerins chrétiens en route vers la Palestine.

De la Terre sainte au bûcher de Paris

Lorsque Hugues de Payens créa l'ordre du Temple, au tout début du XIIe siècle, il ne savait pas qu'il serait à l'origine de l'une des aventures occidentales les plus flamboyantes et les plus mystérieuses. En effet, la quête chevaleresque des Templiers, qui dura près de deux siècles, suscitant tour à tour aide, fraternité et guerres entre les peuples du Moyen-Orient et d'Europe, fut à la fois terrestre et spirituelle. Terrestre parce que les chevaliers templiers, intrépides moines-soldats, devinrent les défenseurs de la chrétienté en Palestine et les plus grands banquiers du monde médiéval ; spirituelle parce qu'ils furent les premiers Européens à établir des contacts entre chrétiens, musulmans et juifs dans leur quête de Dieu.

Naissance de l'ordre du Temple

L'ordre des chevaliers de la milice du Temple fut fondé en 1118 en pleine croisade par Hugues de Payens, Geoffroy de Saint-Omer et sept compagnons chevaliers. Leur première mission fut de protéger les caravanes de pèlerins et les lieux saints tels que Jérusalem et Bethléem. À cette époque, aller une fois dans sa vie sur le tombeau du Christ permettait de gagner l'éternité, mais juifs et musulmans, considérant Jérusalem comme appartenant à leur culture, massacraient les voyageurs. C'est pourquoi, face à ces multiples dangers, les Templiers, choisis pour leur vaillance, devaient aider les pèlerins à se rendre sains et saufs dans la Ville sainte.
La règle des Templiers, écrite par Bernard de Clairvaux, était fondée sur les trois vœux de pauvreté, de chasteté et d'obéissance au pape. L'ordre était soumis à l'autorité absolue d'un grand maître et la ligne morale obéissait à l'idéal chevaleresque : le bâton pour soutenir les faibles et la verge pour punir les coupables. Au concile de Troyes (vers 1127-1128), la mission des Templiers fut précisée : défendre les pauvres, les veuves, les orphelins et les églises. Bien entendu, ce mandat s'exerçait au bout d'une épée bien tranchante.
La rigidité de la règle apparaissait aussi dans les vêtements : le chevalier était vêtu d'un simple manteau blanc, symbole de pureté – pas de fourrures, pas de dorures, pas de bijoux. La Jérusalem céleste se vivait d'abord sur terre.

CI-DESSUS : l'ordre du Temple a inspiré beaucoup d'artistes. Ici, François-Marius Granet a représenté la réunion du chapitre général de l'ordre du Temple qui eut lieu le 22 avril 1147 à Paris en présence du pape Eugène III (à gauche), et du roi Louis XII (à droite), que les Templiers allaient accompagner lors de la deuxième croisade. *Chapitre de l'ordre du Temple*, François-Marius Granet, 1844, Château de Versailles et Trianon, Versailles.

Avant de mourir, le dernier grand maître templier, Jacques de Molay, lança contre ses bourreaux les fameuses paroles de malédiction : « Dieu vengera notre mort. »

CI-DESSOUS : moines-soldats, les Templiers furent avant tout des guerriers à la fois protecteurs des pèlerins et intermédiaires entre chrétiens et musulmans. Pour cela, ces chevaliers étaient toujours à cheval, toujours à l'affût, brandissant l'épée, coupant les jarrets et égorgeant leurs ennemis avec frénésie, patrouillant sans relâche entre Antioche et la Palestine.

La gloire des moines-soldats

À son apogée, l'Ordre posséda neuf mille commanderies, dont trois mille en France. Sa réussite s'incarna dans les centaines d'églises et de maisons qu'il édifia de Canterbury à Damas, construisant sans relâche des forteresses sur la route des pèlerinages en Palestine et en Syrie.

Par ailleurs, immensément riche, l'ordre du Temple joua un rôle financier considérable au XIIIe siècle, transportant des fonds entre Paris, Londres, Constantinople et le royaume de Jérusalem, prêtant de l'argent sur place, créant les premiers billets à ordre et finançant des opérations militaires et commerciales pour le compte des rois de France ou d'Espagne. À Paris, les Templiers régnaient sur le quartier du Marais, qu'ils avaient asséché, ayant à leur service des dizaines d'artisans, de tailleurs de pierre et d'agriculteurs. Aujourd'hui encore, les rues du Faubourg-du-Temple ou le boulevard du Temple rappellent la présence des moines-soldats.

L'aventure ésotérique

On a souvent dit que l'ordre du Temple cachait en son sein une confrérie secrète, possédant de redoutables secrets tels que la pierre philosophale et l'élixir de longue vie. Tout d'abord, chaque Templier devait se soumettre comme dans n'importe quelle autre confrérie de chevalerie à des rites d'initiation pour entrer dans l'Ordre (élection, initiation, adoubement). Néanmoins, il semble bien que les Templiers aient réalisé au cours des années une synthèse subtile entre les croyances religieuses médiévales, fréquentant dans une fraternité d'armes et de symboles communs à la fois des kabbalistes juifs et des musulmans de la secte des Assassins. Ils auraient ainsi adoré le fameux Baphomet, le diable des plaisirs défendus, et participé avant chaque combat à des sabbats lucifériens invoquant le grand bouc dans leurs forteresses de Palestine. Toujours est-il qu'il est quasiment certain que les Templiers ont transformé leur foi catholique et apostolique en croyance gnostique, admettant un dieu du bien et un dieu du mal, une doctrine farouchement combattue par les autorités catholiques.

Une fin tragique

« Memento finis », telle était la devise prémonitoire des Templiers, dont l'aventure terrestre se termina le 18 mars 1314 sous le règne du roi Philippe le Bel lorsque le dernier grand maître, Jacques de Molay, fut brûlé vif sur un bûcher parisien. Selon le chroniqueur Godefroy de Paris, Jacques de Molay, avant de mourir, lança contre ses bourreaux les fameuses paroles de malédiction : « Dieu vengera notre mort. »

Accusés d'hérésie, d'homosexualité et d'idolâtrie par Guillaume de Nogaret, légiste du roi, ils furent arrêtés par centaines sur l'ensemble du territoire français le vendredi 13 octobre 1307. Leur arrestation fut accueillie avec soulagement par les grands féodaux et le roi lui-même, qui purent ainsi se soustraire à leurs dettes envers l'ordre du Temple sur le simple fait juridique qu'au Moyen Âge, on ne devait rien à un hérétique. Manifestement, la puissance et la richesse des Templiers gênaient. Longuement torturés, les dignitaires templiers avoueront avoir renié la foi chrétienne, pactisé avec le diable et commis les pires sacrilèges sur les autels des églises. Ce fut suffisant pour les traîner au bûcher et saisir leurs biens. L'ordre du Temple était devenu une organisation politique et religieuse concurrente de la monarchie. Son idéal théocratique ne pouvait que le mener à l'affrontement avec les pouvoirs en place.

Ci-dessus et ci-contre : les Templiers furent brûlés en 1314 sur ordre de Philippe Le Bel. C'est au moment de mourir que le grand maître de l'ordre, Jacques de Molay, aurait maudit le roi et le pape Clément V, leur prédisant qu'ils trépasseraient eux aussi avant la fin de l'année. La prophétie se réalisa, puisque le roi et le pape suivirent dans l'au-delà, six mois après, les dignitaires templiers.
En haut : gravure de Victor Adam extraite de *Histoire de France en tableaux*, 1844.
En bas : enluminure du XIXe siècle extraite de *Grandes Chroniques de France*, 1378, British Library, Londres.

Nature insolite, nature fantastique

« À 40 ou 50 mètres de cette arche imposante qu'on appelle la porte d'Aval et qui s'élance du haut de la falaise s'érige un cône calcaire démesuré, et ce cône n'est qu'un bonnet d'écorce pointu posé sur du vide ! » **Maurice Leblanc, *l'Aiguille creuse***

L'aiguille creuse

Double page précédente : Tronc noueux, branches tortueuses, ambiance mystérieuse, les gravures représentant la forêt de Brocéliande, à l'époque de Merlin et de Viviane, donnent de la nature une image fantastique. Gravure de Gustave Doré datant de 1869.

Page de droite : la porte d'Aval dialogue avec la fameuse aiguille creuse.

Ci-dessous : le roman d'aventure de Maurice Leblanc *l'Aiguille creuse* a contribué à la réputation d'Étretat au début du XXe siècle. Le trésor des rois de France, un gentleman cambrioleur, une intrigue subtile... Tous les ingrédients romanesques étaient réunis pour construire plus qu'un roman à succès, une légende.

Station balnéaire de la côte d'Albâtre, Étretat tire sa réputation de ses plages de galets et de ses falaises qui ont inspiré, à la fin du XIXe siècle, les peintres impressionnistes Eugène Boudin et Claude Monet. Mais c'est certainement l'écrivain Maurice Leblanc qui fut à l'origine de la renommée mondiale de cette petite ville normande, en la prenant pour cadre des aventures d'Arsène Lupin, le fameux gentleman cambrioleur, dans son roman *l'Aiguille creuse*.

Un décor de roman

Au pays de Caux, la mer se livre depuis l'aube de l'humanité à une bataille impitoyable contre la falaise crayeuse, sculptant des aiguilles et des arches aux formes étranges, creusant ravines et grottes, s'infiltrant sous la roche. La falaise blanche contraste brutalement avec un plateau d'argile rouge, et s'enfonce jusqu'à la plage de galets bousculés par les vagues.

C'est justement cette érosion maritime qui est à l'origine de la formation d'un couple harmonieux et complémentaire : la porte d'Aval, une véritable arche rocheuse, et une aiguille, plantée contre la façade ouest d'Étretat. L'arche est considérée comme l'une des plus grandes merveilles de la nature, et l'aiguille (70 mètres de haut), taillée comme un obélisque, un des hauts lieux romanesques de France. Autant de sites que l'on ne peut approcher à pied sec que quelques jours par an. Ce décor de falaises battues par la mer et le vent, l'aiguille surtout, inspira tellement Maurice Leblanc qu'il y fixa les étonnants appartements d'Arsène Lupin, s'identifiant même à son héros jusqu'à louer à Étretat une villa à l'éditeur Fasquelle, avant de l'acheter en 1918 et de la surnommer « Le Clos-Lupin », y passant plusieurs mois par an jusqu'à sa mort, en 1941.

La Normandie de Maurice Leblanc est romanesque : c'est celle des « valleuses », ces fameuses vallées abruptes débouchant au pied des falaises ; c'est aussi celle des petites auberges perdues où, à la nuit tombée, son héros Lupin trinque avec ses complices en se partageant le butin, et celle des criques désertes de la Manche, créant même pour son héros malicieux Port-Lupin, « à cinq lieues de Dieppe et trois du Tréport ».

Les mystères de l'aiguille creuse

« Roc énorme, haut de plus de 80 mètres, obélisque colossal, d'aplomb sur sa base de granit », c'est ainsi que le romancier Maurice Leblanc décrit l'aiguille d'Étretat dans son roman.

Quand il termine d'écrire *l'Aiguille creuse* en 1909, il ne sait pas qu'il a créé un nouveau mythe et fabriqué pour longtemps la légende d'Étretat.

Selon Maurice Leblanc, l'aiguille creuse renferme un secret que les rois de France se transmettent depuis la nuit des temps et dont Arsène Lupin, son héros gentleman cambrioleur, s'est rendu maître. La fameuse aiguille contiendrait en effet le plus fabuleux trésor de tous les temps, celui des rois de France, composé des dots des reines, perles, rubis, saphirs et diamants.

Dès lors, la légende se forma, et au début du XXe siècle, l'aiguille commença à attirer de nombreux curieux et tout particulièrement les « lupinophiles », admirateurs d'Arsène Lupin, des étudiants venus chercher la clé de la grotte où le gentleman cambrioleur avait retrouvé le trésor des rois de France. Une aiguille que Maurice Leblanc a décrite comme « ...un cône calcaire démesuré... un bonnet d'écorce pointu posé sur du vide... ».

« Voici Les Mées avec son étourdissante procession de moines pétrifiés... »

Paul Arène et Albert Tournier, ***Des Alpes aux Pyrénées***

Des roches aux formes humaines

Le philosophe Emmanuel Kant a dit un jour que « la nature est belle quand elle a l'aspect de l'art... ». L'exemple des cheminées de fées et des Pénitents des Mées en est une brillante illustration. Roches aux silhouettes de jeunes filles coiffées ou colonnes rocheuses évoquant étrangement une procession de moines, la nature y sculpte des formes curieusement humaines et animales. Ses étranges phénomènes géologiques ont aiguisé la curiosité de plusieurs générations qui, pour les expliquer, ont inventé des légendes et construit des histoires parfois insolites...

Les Pénitents des Mées

Le village des Mées est connu pour ses rochers étroits qui se dressent sur plus de 100 mètres de haut au-dessus de la Durance. Ces roches aux formes insolites ont intrigué et fasciné les villageois, qui y ont vu parfois une manifestation divine ou magique...

Les rochers des Mées sont également appelés les Pénitents des Mées en raison de leurs silhouettes évoquant un cortège de moines encapuchonnés et figés dans la pierre pour l'éternité. Depuis le Moyen Âge, ces rochers qui dominent la Durance n'ont pas manqué, par leur forme et leur alignement, d'exciter l'imagination et de susciter diverses interprétations. Quelle est donc l'origine de ces pénitents ? D'après une légende locale racontée par le Provençal Eugène Plauchud en 1897, dans *les Pénitents dei Mès*, ces rochers représenteraient les moines de la montagne de Lure, pétrifiés par saint Donat lors des invasions arabes au VIIIe siècle pour avoir été séduits par de belles captives sarrasines qu'un seigneur, le comte Raimbaud, avait ramenées du Moyen-Orient. Transformés en statues de pierre, ils auraient ainsi été préservés du péché. En 1958, l'écrivain Marcel Brion affirmait ainsi : « D'étranges fables de métamorphose d'hommes en pierre sont encore contées à la veillée par les paysans dont certains n'aiment guère passer, la nuit, dans le voisinage des Mées. »

Parmi les énigmes qui hantent ces rochers, la plus curieuse est certainement celle des deux morceaux de bois, que l'on appelle couramment la « croix des rochers ». Ces deux objets coincés dans une anfractuosité de la paroi sont perchés à une centaine de mètres de hauteur et à environ 36 mètres du sommet, un endroit complètement inaccessible sans moyens sophistiqués. À leur propos, le chroniqueur Simon Bartel évoquait déjà ce mystère en 1636 : « On ne comprend pas comment une force humaine ou une technique aurait pu mettre en place [la croix] dans un rocher aussi abrupt. » En novembre 1968, Patrick Cordier et une équipe d'alpinistes montèrent une expédition pour examiner de près cette croix. Après une ascension difficile, Patrick Cordier toucha enfin la croix et la décrivit en ces termes : « Deux poutres en bois s'entrecroisant à quelque 70 centimètres du fond de la niche, elles semblent reposer à même la paroi dans la roche, l'extrémité des pieds est d'ailleurs en biseau d'une manière franche et nette. Ce sont deux tiges droites de 3 à 4 mètres de long paraissant avoir appartenu à de jeunes arbres. Criblées de balles et de trous d'insectes, les deux branches de la croix sont travaillées par l'eau dans la partie tendre du bois dont il ne reste que de rares vestiges... » Une partie du mystère vieux de plus de trois cents ans venait d'être levée.

Les cheminées de fées

Les cheminées de fées sont de longues colonnes de roche pouvant atteindre 10 mètres de haut, relativement friables, au sommet desquelles se

DOUBLE PAGE SUIVANTE :
le village des Mées doit sa notoriété aux rochers étroits qui se dressent à plus de 100 mètres de haut au-dessus de la commune, les Pénitents des Mées. D'après la légende, ils représentent les moines de la montagne de Lure qui ont été pétrifiés par saint Donat pour s'être épris de belles jeunes femmes mauresques qu'un seigneur avait ramenées d'une croisade. Les rochers ressemblent effectivement à une procession de moines coiffés de cagoule pointue, que l'on devine alors honteux de leurs désirs.

tient un énorme bloc rocheux, comme posé en équilibre. À Théus, dans les Hautes-Alpes, on a surnommé ces colonnes les « cheminées de fées » ou « demoiselles coiffées » car leur forme évoque des jeunes filles portant une coiffe. De tels reliefs se rencontrent aussi dans d'autres zones montagneuses telles que Saint-Veyran, Sisteron ou Rémollon.

Au départ, des blocs rocheux, se formant souvent dans les moraines glaciaires, faits de minéraux très durs, reposent sur un sol d'alluvions ou d'argile tendre. Avec les pluies ou le vent, cette terre est enlevée, rongée, et disparaît sous l'action de l'érosion. La pluie emporte ainsi progressivement le sable et les graviers autour des blocs rocheux. Ces derniers ont formé un toit qui va protéger les alluvions plus meubles de la désagrégation. Ainsi se sont formées ces demoiselles coiffées...

Les géologues considèrent qu'en un siècle, sous un climat chaud et humide, le sol s'use à raison de 92 centimètres en montagne. Si un torrent vient à passer dans une de ces zones où des roches dures reposent sur un sol tendre, celui-ci est enlevé à grande vitesse.

Même si la forme insolite de ces colonnes rocheuses s'explique par des phénomènes géologiques, les pénitents des Mées et les cheminées de fées ne manquent pas d'impressionner de très nombreux curieux venus admirer ces miracles de la nature, s'inspirant sans le savoir de la démarche esthétique des Grecs de l'Antiquité, qui considéraient que la nature pouvait être regardée comme la plus belle des œuvres d'art.

Les cheminées de fées ou demoiselles coiffées sont des grosses pierres élancées qui peuvent atteindre 10 mètres de haut. Phénomènes géologiques insolites, ces pierres, coiffées d'un énorme bloc rocheux, ont fait rêver des générations de promeneurs et d'artistes.

À Montpellier-le-Vieux, la nature a imité de manière rare et élégante l'architecture humaine et les formes animales, stimulant l'imagination populaire.

Montpellier-le-Vieux

Énigmatique chaos rocheux ruiniforme posé sur le causse Noir, Montpellier-le-Vieux est situé au nord-est de Millau, près du célèbre viaduc, sur la commune de La Roque-Sainte-Marguerite. Peuplé de loups jusqu'au XIXe siècle, cet univers de rochers aux formes insolites sculptées par l'eau et le vent ressemble étrangement à une cité en ruine. Le chaos de Montpellier-le-Vieux, couvrant 120 hectares, se visite à pied sur des sentiers, au milieu des chênes et des pins sylvestres.

L'histoire d'un chaos...

Depuis l'Antiquité, les rochers de Montpellier-le-Vieux ont servi d'abris naturels aux animaux et à l'homme. Des ossements d'*Ursus Speleus*, découverts dans une grotte du cirque de La Millière, montrent que le site, particulièrement fertile, était déjà habité à l'époque préhistorique. Plusieurs vestiges d'habitations témoignent également de l'activité d'éleveurs et de résiniers gallo-romains. Quel architecte est donc responsable de cette cité de pierre ? Les bergers transhumants l'appelèrent Montpellier-le-Vieux, du nom de la grande ville la plus proche, ajoutant l'adjectif « vieux » pour bien marquer l'antiquité du lieu. De retour dans leurs villages, ils aimaient raconter que ce chaos de rochers était hanté par le diable et qu'il valait mieux s'en éloigner. C'est au XIXe siècle que les géologues et géographes s'intéressèrent au site, considérant que cet immense labyrinthe de rocs secs avait été tout simplement produit par l'eau, s'éloignant ainsi des interprétations démoniaques venues de la tradition populaire. Ce fut le célèbre spéléologue Édouard Alfred Martel qui fut le premier, entre 1883 et 1884, à cartographier le site de manière rigoureuse, le qualifiant de « cité ruiniforme », et expliquant le phénomène par l'action de « puissants courants torrentiels venus du nord, affouillant par voie de tourbillons » la surface du causse Noir.
Pour les géologues modernes, Montpellier-le-Vieux est un *mega lapiaz*, nom scientifique donné aux formations résultant de la double action sur les roches calcaires des eaux de pluie par ravinement et corrosion.

Montpellier-le-Vieux est un chaos de blocs dolomitiques de 120 hectares. Les rochers aux formes insolites évoquent des silhouettes humaines, animales ou même parfois une antique cité ruiniforme...

... quelquefois poétique

À Montpellier-le-Vieux, la nature a imité de manière rare et élégante l'architecture humaine et les formes animales, stimulant l'imagination populaire. On peut donc reconnaître dans les formes du chaos des portes antiques, des monuments et des remparts de châteaux médiévaux en ruine, et même des figures humaines.
Ainsi, si les bergers de la région ont tout simplement surnommé le chaos *Lo Clapas Viel* (« le vieux tas de pierre » en occitan), d'autres, plus imaginatifs, voient dans ces rochers qui dégringolent en pentes abruptes des similitudes avec des fortifications en ruine, et leur ont donné des noms poétiques évoquant un bestiaire statufié et des monuments fantastiques.
En suivant un sentier balisé qui serpente le long d'un paysage torturé, on découvre ainsi successivement le Cénotaphe, un gros rocher en forme de stèle funéraire, la Tête d'Arlequin au profil grimaçant, l'Ours, l'Éléphant, le Chameau, le Grand Sphinx, l'Arc de triomphe, et surtout la fameuse Porte de Mycène, arche de pierre haute de 12 mètres, ainsi nommée par Alfred Martel en souvenir de la porte des Lions de la cité crétoise.
C'est le caractère énigmatique du site qui attira au XIXe siècle les touristes amateurs de curiosités et plus tard les écrivains voyageurs. Ainsi, sur une affiche des Chemins de fer Paris-Méditerranée de 1890 vantant des excursions dans les Cévennes, un dessin évoque le chaos de Montpellier-le-Vieux.

Saint Basle, qui évangélisa la Lorraine, aurait planté un fau partout où il aurait porté la bonne parole.

Les faux de Verzy

Située dans le parc naturel régional de la montagne de Reims, la forêt domaniale de Verzy abrite des arbres aux formes étranges, des hêtres tortillards, baptisés « les faux de Verzy ». L'origine de ces monstres végétaux au tronc tortueux et aux branches difformes, poussant sur une réserve biologique de 30 hectares, suscite des interrogations et reste encore aujourd'hui énigmatique.

Une mutation étrange

Le nom officiel des faux de Verzy est *Fagus sylvatica L. var. tortuosa Pépin*, soit la désignation scientifique du hêtre. L'appellation « faux de Verzy », suivie du nom de la variété, *tortuosa*, fut donnée par un certain Pépin en 1861. Mais la question du phénomène tortillard est toujours ouverte car le nom « fau » désignait le hêtre en français jusqu'au XVIIIe siècle. C'est donc par habitude locale qu'on a désigné ainsi les hêtres tortillards, qui ont connu une mutation vraisemblablement naturelle.

Victimes sans doute d'une mutation génétique, les hêtres du parc régional de la montagne de Reims sont des monstres végétaux aux formes tortueuses, troncs obliques et branches fourchues.

En hiver, après la chute des feuilles, le tronc apparaît oblique, souvent fourchu, difforme, boursouflé, portant de grosses cicatrices, les branches et les rameaux présentant des torsions et des renflements bizarres.

Une origine obscure

L'origine exacte des faux de Verzy reste à ce jour indéterminée, même si plusieurs hypothèses ont été émises. Pendant longtemps, on a pensé que la richesse en fer du terrain était la cause du phénomène, ou encore que les eaux souterraines abondantes y étaient pour quelque chose.

En effet, même en période de grande sécheresse, les racines sont toujours irriguées. Des botanistes ont même fait des expériences et ont obtenu, à partir des faines, de jeunes pousses présentant des caractéristiques tortillardes. On en a déduit que le sol n'était pas responsable de l'aspect difforme de ces arbres mais que cette mutation était inscrite dans le code génétique du hêtre.

Outre ces explications scientifiques, la légende dit que saint Basle, qui évangélisa la Lorraine au VIe siècle, aurait planté un fau partout où il aurait porté la bonne parole. De fait, trois villages portant son nom possèdent un fau.

Mais, même s'il est très difficile de donner l'âge de ces arbres à cause des circonvolutions de leur tronc, il est peu probable qu'ils remontent au VIe siècle. On estime au maximum à huit ou neuf cents ans l'âge des arbres les plus anciens.

Cette estimation a été réalisée à partir de cartes postales ou d'observations effectuées au siècle dernier. À partir de la croissance observée sur un siècle, on en a déduit la croissance moyenne d'un arbre, sachant qu'un sujet jeune grandit plus vite.

Jean-Pierre Boureux, un spécialiste des faux de Verzy, considère que si les moines de l'abbaye Saint-Basle sont bien les premiers à avoir remarqué la croissance curieuse de ces arbres, ils ne sont pas à leur origine, car ils ne s'y sont vraiment intéressés qu'à partir de la seconde moitié du XVIIe siècle.

D'autres théories – encore plus extravagantes ! – ont vu le jour, telles celles d'une météorite qui aurait contaminé le sol en des temps anciens, ou de virus inconnus qui seraient à l'origine de cette mutation.

L'aspect difforme de ces arbres reste donc inexpliqué et suscite la curiosité de nombreux promeneurs sur les hauteurs de Reims.

« Il y a deux histoires : l'histoire officielle, menteuse,
puis l'histoire secrète, où sont les véritables causes des événements. »

Honoré de Balzac, ***Illusions perdues***

Les sociétés secrètes

Depuis l'Antiquité, les sociétés secrètes ont suscité dans le grand public un sentiment trouble, fait d'attirance et de méfiance. Attirance, parce que ces mystérieuses confréries, telles que les francs-maçons ou les Rose-Croix, répondent à ce goût très prononcé des peuples pour les énigmes et les sombres complots qui se trameraient dans l'ombre de l'histoire ; méfiance, parce que certaines d'entre elles ont sombré dans des dérives sectaires et criminelles comme l'ordre du Temple solaire. Ainsi, la France a toujours accueilli avec bienveillance sur son territoire ces sociétés secrètes qui développent souvent leurs étranges rites aux frontières des sciences occultes, de la spiritualité et de la politique.

La confrérie des Rose-Croix a toujours eu une réputation sulfureuse. Est-ce à cause de ses origines obscures, de ses rituels peu connus ou de son message réservé aux seuls initiés ? L'arbre du bien et du mal, symbole de la connaissance ésotérique, est une des figures secrètes des Rose-Croix sur laquelle les adeptes devaient méditer, souvent pendant des mois, pour en décrypter le sens. *L'Arbre de la reconnaissance du bien et du mal*, 1785, Bibliothèque nationale, Paris.

Sociétés d'influence, occultisme et politique

Souvent inspirés par des idées démocratiques, clubs et sociétés secrètes ont joué, tout au long des XVIIIe et XIXe siècles, un rôle primordial dans la vie politique française. Ces groupes occultes imposèrent aux régimes successifs des idées nouvelles, communiquant à l'Europe les grands mouvements révolutionnaires. Ainsi, le rôle des francs-maçons fut important dans la genèse de la Révolution française. Durant le Premier Empire, il semble que l'activité florissante des loges maçonniques fut étroitement liée au régime. Pour preuve, les charges qu'obtinrent dans leurs rangs Joseph Bonaparte, Cambacérès ou le prince Murat. Sous la seconde Restauration, les francs-maçons sont en majorité libéraux. Aussi voit-on durant les Trois Glorieuses (1830) les francs-maçons soutenir le Gouvernement provisoire. Délaissant la philanthropie, la franc-maçonnerie se signalera alors par son activisme politique, qui la conduit à s'opposer au Second Empire et à adhérer aux valeurs de la IIIe République.

Au cours des années 1820, la Charbonnerie française, d'inspiration libérale, s'opposa aux Bourbons. D'origine mystérieuse, la *Carboneria* s'est d'abord développée en Italie. Association politique, elle fut remarquée par Charles Nodier, qui lui consacra une partie de son œuvre. Apparentée à la franc-maçonnerie, la Charbonnerie fonctionnait déjà sous l'Empire avec, comme le révèle Nodier, une structure pyramidale facilitant le maintien du secret et des pratiques subversives.

C'est sous le régime des Bourbons que les sociétés secrètes vont être les plus actives. Intégrant dans leurs rangs bonapartistes, républicains ou légitimistes, elles exercèrent un combat souterrain contre la Restauration, qui conduisit à la conspiration d'août 1820. Peu préparée, celle-ci se solda par un échec.

L'une des plus fantastiques manipulations du XXe siècle fut certainement l'opération Dragon Vert.

En 1933, Teddy Legrand publiait un essai *les Sept Têtes du Dragon vert,* qui révélait l'existence d'une inquiétante société occulte complotant contre les démocraties occidentales en ayant favorisé l'arrivée du communisme en Russie et du nazisme en Allemagne. Or tout cela n'était qu'une manipulation complexe car ledit Teddy Legrand n'était que le pseudonyme de deux auteurs occultistes, Pierre Mariel et Arnaud de Vogüe, missionnés par les services du contre-espionnage français pour créer un sentiment antinazi en France, en montrant que d'une part la France devait rester l'alliée de la Russie au risque de graves perturbations politiques et que d'autre part la révolution bolchevique et l'Allemagne nazie avaient été orchestrées par une société secrète diabolique, le Dragon vert.

À l'opposé sur l'échiquier politique fut la Cagoule, surnom donné au Comité d'action révolutionnaire, groupe conspirateur d'extrême droite qui, dans les années 1930, se donna pour action de lutter contre le communisme et de substituer aux instances démocratiques un pouvoir élitiste. Ex-royalistes, les membres de ce groupe menèrent des actions secrètes de déstabilisation de la République en assassinant des antifascistes italiens et en commettant de nombreux attentats. C'est dans ce contexte troublé que se développa le Mouvement synarchique d'empire, une société secrète politique dont les membres avaient pour but d'instaurer une dictature technocratique. Le projet échoua, mais ses membres exercèrent de hautes fonctions dans l'appareil d'État.

Des sociétés initiatiques

Plus spirituelles, moins politisées, les sociétés initiatiques se sont développées à partir du XVIIIe siècle en Europe. La mère de toutes les sociétés secrètes fut certainement l'ordre des Illuminés de Bavière, créé en 1776 par Adam Weishaupt, qui prit le pseudonyme de Spartacus. Dès l'apparition des sociétés secrètes, les auteurs contre-révolutionnaires vont instrumentaliser le mythe de ces réseaux occultes, qu'ils considéraient comme malfaisants, en prenant comme exemple la

Entrer chez les francs-maçons a toujours obéi à un rituel particulier, fait d'épreuves souvent bizarres pour les observateurs extérieurs. Ici, Mozart, assis à l'extrême gauche, assiste à une cérémonie d'initiation en 1784, sous le règne de Joseph II. *Initiation ceremony in a Viennese Masonic Lodge*, Ignaz Unterberger, Historisches Museum der Stadt, Vienne.

Ensemble d'insignes maçonniques en métal doré : étoile à neuf branches entourant un N, truelle, compas, équerre. Châteaux de Malmaison et du Bois-Préau, Malmaison.

conjuration des Illuminés : ainsi, selon l'abbé Barruel dans ses *Mémoires pour servir à l'histoire du jacobinisme*, la Révolution française serait le produit d'un complot animé par les Illuminés, c'est-à-dire les francs-maçons, qui portaient selon lui la pernicieuse idéologie des Lumières, visant à abattre l'Église et la monarchie. Pourtant, on prêtera beaucoup de turpitudes aux Illuminés de Bavière, ordre qui n'a existé qu'une dizaine d'années, de 1776 à 1785, et qui ne comptait guère que quelques centaines de membres. Mais, par la force de la légende, cette « société secrète » est devenue la mère de toutes les conspirations.

Plus tard, au XIXe siècle, de nombreuses sociétés initiatiques vont naître, telles que les Martinistes, les Théosophes, les Rose-Croix et de nombreux ordres de chevalerie. Mystérieuses, dotées de rites étranges, toutes ces sociétés vont véhiculer le meilleur et le pire et notamment la fameuse théorie du complot. Il existera même, dans les années 1930, une étrange revue, *la Revue internationale des sociétés secrètes*, ayant pour but notoire de dénoncer le prétendu complot juif et franc-maçon qui menaçait la France et l'Europe.

Ce « conspirationnisme » – la croyance que des puissances occultes manipulent le monde – cherche à expliquer les problèmes de la société par de sombres complots tramés par des groupes d'hommes, qui tireraient dans l'ombre des gouvernements les ficelles de la marche du monde. Le sociologue Pierre-André Taguieff explique ainsi : « Les "sociétés secrètes" remplacent les démons et les élites invisibles sont accusées d'établir un ordre satanique. D'après Lévi-Strauss, le propre du mythe est de se re-fabriquer avec des fragments d'autres mythes. Voyez les transformations du mythe du complot mondial qui, originellement maçonnique, deviendra judéo-maçonnique, puis judéo-bolchévique, judéo-capitaliste ou ploutocratique, américano-sioniste... »

Les dérives sectaires

Face au désenchantement du monde, un nouveau genre de sociétés initiatiques va se développer à partir des années 1980 : les sectes. Groupes religieux clos, repliés sur eux-mêmes, ils s'opposent aux pratiques religieuses dominantes. Selon le *Rapport sur les sectes en France* de 1995, on compte près de trois cents groupes sectaires, rassemblant cent vingt mille adeptes, dont les plus connues sont Moon, l'Église de scientologie, Raël, l'ordre du Temple solaire (OTS). L'enchaînement est toujours le même : culte du gourou, rupture avec l'environnement familial et social, enseignement ésotérique élitiste, expériences irrationnelles.

Depuis, les sectes ont prospéré et leurs pratiques se sont affinées, s'infiltrant jusque dans le monde des entreprises sous couvert de séminaires d'éveil et de développement personnel. Il s'agit, par le biais d'organismes de formation et de recrutement, de diffuser subtilement, toujours en sourdine, les valeurs de la secte auprès des cadres supérieurs par des jeux anodins, comme la roue des couleurs ou des techniques de sophrologie. Le but ici est de recruter de nouveaux adhérents en conquérant des esprits brillants, ce qui permet aux sectes d'acquérir une certaine honorabilité dans le monde des affaires.

Si la plupart de ces réseaux restent pacifiques, quelques-uns portent en eux un germe d'autodestruction très dangereux, notamment les Apocalyptiques. Ainsi, les massacres de l'ordre du Temple solaire ont frappé l'opinion dans les années 1990. En effet, la mort de soixante-quatorze adeptes, entre 1994 et 1997, au Canada, en Suisse et en France, a montré jusqu'où peut mener la folie des gourous. Les cinq massacres de l'OTS ont gardé une part de mystère, comme celui du Vercors, en 1995, qui eut lieu quatorze mois après celui qui avait emporté les deux gourous, en 1994. Dans la nuit du 15 au 16 décembre 1995, pressés

Les *Carbonari* (Charbonniers) se réunissaient secrètement pour comploter, d'abord contre Napoléon, et à partir de 1815, contre le retour des Bourbons sur le trône de France. Inspirés par un idéal démocratique, formés de bourgeois libéraux, ils menèrent un combat politique occulte de près de vingt ans contre tous les despotes de France et d'Italie. Gravure anonyme, 1882, extraite de *Cent récits d'histoire de France contemporaine*.

de quitter la Terre et de rejoindre le paradis de la planète Sirius, treize adeptes de l'OTS, emmitouflés dans des combinaisons de ski, accompagnés de trois enfants meurent assassinés dans une cuvette de la forêt de Saint-Pierre-de-Chérennes, entre Grenoble et Romans-sur-Isère. La mise en scène est terrifiante. Tous sont retrouvés allongés en cercle, les corps à moitié carbonisés, la tête recouverte d'un sac en plastique.
À côté de ces mouvements apocalyptiques, on peut citer aussi les sociétés néopaïennes, qui se réfèrent à d'autres dieux que celui de la Bible : l'ordre monastique d'Avallon ou Clé de l'Univers.
Enfin, comment ne pas citer le renouveau des groupes sataniques, qui ont tous pour point commun de rendre un culte à Satan, dans une démonologie foisonnante ? Portée par le rock black metal, la mode gothique et le succès de stars de la pop comme l'androgyne Marilyn Manson, la vague démoniaque s'est propagée chez les jeunes pendant les années 1990. Toujours habillés en noir, les adeptes portent des croix renversées ou des étoiles à cinq branches, symboles du Malin. D'après une étude du sociologue Yves Lambert, 21 % des 19-28 ans croyaient en l'enfer en 1999, pour 11 % en 1981. En 2004, la Mission interministérielle de lutte contre les sectes a relevé vingt-trois profanations de cimetières à caractère nettement satanique, pour dix-huit en 2003. Pas de quoi s'alarmer pour autant, estime le chercheur sociologue Guy Michelat : « Les jeunes se bricolent leur propre système spirituel. Le diable renvoie au mal au sens très large, il devient porteur du désir qu'éprouvent les adolescents de s'opposer à la société. »

Souterrains, catacombes & autres folies

Selon la rumeur populaire, des dépouilles d'inconnus côtoieraient celles de personnages célèbres de l'histoire tels que Montesquieu, Colbert, Jean-Baptiste Lully, Danton, Robespierre...

DOUBLE PAGE PRÉCÉDENTE : les souterrains médiévaux de Provins. Selon une vieille légende nordique, les immortels continuent leur vie dans les entrailles de la terre. Le silence ouaté des cavernes permet le recueillement mystique. D'ailleurs, les prophètes et les ermites, mais aussi les artistes et les peuples traqués, ont toujours su y trouver refuge. Il faut juste découvrir la porte des univers souterrains...

CI-DESSOUS : l'abbé Delille avait le sens de l'humour noir quand il écrivit à l'entrée des catacombes de Paris, cet avertissement : « Arrête ! C'est ici l'empire de la mort ». Cet empire est une vaste nécropole de 11 000 mètres carrés, abritant 6 millions de squelettes.

PAGE DE DROITE : empilés contre les murs, les crânes et les tibias sont juxtaposés, formant une figure géométrique macabre.

Les entrailles de Paris

Depuis l'Antiquité, le sous-sol de Paris a été creusé pour extraire la pierre nécessaire à la construction des immeubles de la ville, constituant progressivement un vaste labyrinthe de carrières appelées aussi catacombes..., un lieu propice aux pratiques obscures et mystérieuses qui se prêtent à une étrange vie souterraine. Au XVIIIe siècle, les morts vont peupler ces galeries, quand l'augmentation de la population obligera les autorités de Paris à y enterrer les « occupants » du cimetière des Innocents. Ces crânes et ces ossements sont entassés dans les catacombes de Paris.

Temples ensevelis et chapelles souterraines

Les carrières souterraines parisiennes, qui courent sur plus de 300 kilomètres de galeries sous les 5e, 6e, 8e, 12e, 13e, 14e et 15e arrondissements, font partie de l'imaginaire parisien. On peut s'aventurer dans les entrailles de la ville et découvrir un vrai patrimoine archéologique comme la crypte de Notre-Dame, les thermes de Cluny, les célèbres catacombes, des aqueducs et même des chapelles ensevelies et des cryptes transformées en tavernes. On peut y trouver aussi des salles aménagées, un cabinet minéralogique, un lac (situé sous l'Opéra), une mystérieuse plaque de pierre sous le 12e arrondissement, à proximité de l'ancien aqueduc des Médicis, qui porte un texte en latin extrait du chapitre 37 du Livre d'Ezéchiel.

C'est le cataphile – amoureux des catacombes – Patrick Saletta qui révéla l'existence d'une chapelle oubliée à 10 mètres sous terre, près du Luxembourg, sous un immeuble ordinaire de la rue Pierre-Nicole. Pour y accéder, il faut ouvrir une porte métallique fermée donnant accès à un couloir faiblement éclairé. C'est par un escalier qui descend à pic dans l'obscurité que l'on atteint la chapelle souterraine d'un ancien couvent de carmélites, édifié en 1855. Refaite en 1895, la chapelle conserve de multiples petits autels, trois statues dont une Vierge à l'Enfant, et plusieurs plaques commémoratives.

Mais certaines chapelles ensevelies ne sont pas abandonnées, comme celle de la rue du Pont-Louis-Philippe, aménagée par la Communauté de Jérusalem en 1992-1993, ou l'ancien réfectoire du couvent des Bernardins, bâti au XIIIe ou au XIVe siècle, au 24 de la rue de Poissy, qui sert d'internat à l'École de police, après avoir longtemps hébergé une caserne de pompiers. Sous ses voûtes vénérables ont été installés des bureaux et une salle de jeux. C'est sans doute l'une des caves les plus étonnantes du quartier de la Montagne-Sainte-Geneviève, avec un immense cellier gothique d'environ 50 mètres de long.

D'autres caves sont plus accessibles, comme celle du siège de l'Association de sauvegarde du Paris historique, rue François-Miron, dans le Marais, à laquelle on accède par un escalier abrupt menant à un cellier, avec ses trois nefs de quatre travées voûtées en croisée d'ogives, et qui accueille expositions de photos et tournages de films.

Ci-dessus : les murs des catacombes sont faits d'os humains issus de plusieurs cimetières parisiens, les Innocents, Saint-Laurent, Saint-Jacques-du-Haut-Pas...

Page de droite : dans une des cryptes, on découvre la lampe sépulcrale, une coupe reposant sur un bloc de pierre dans laquelle les carriers allumaient un brasier.

Une étrange vie sous terre

Le décor fantastique des carrières parisiennes obscures et humides donna naissance à des légendes et des pratiques extravagantes.
Il y eut d'abord, au début du XVIIe siècle, ce montreur de diable, un certain César, qui invoquait Satan dans les carrières près de l'hôpital Sainte-Anne, moyennant finance à des bourgeois crédules. Il avoua lui-même avant d'être embastillé : « Je fais des cercles, des fulminations, des invocations, et récite quelques discours composés de mots barbares ; lesquels je n'ai pas plutôt prononcés que le sot curieux et moi entendons remuer de grosses chaînes de fer et gronder de gros mâtins [...] six hommes que je fais tenir dans cette caverne jettent des flammes de poix résine devant, à droite et à gauche de nous. À travers les flammes, je fais voir à mon curieux un grand bouc chargé de grosses chaînes de fer peintes en vermillon comme si elles étaient enflammées. À droite et à gauche, il y a de gros mâtins à qui on a mis la tête dans de longs instruments de bois, larges par le haut, fort étroits par le bout. À mesure que ces hommes les piquent, ils hurlent tant qu'ils peuvent... »
Vers 1777, une rumeur circula parmi les carriers, qui prétendirent en effet avoir aperçu un homme vert, bondissant avec agilité dans les galeries, échappant toujours à ses poursuivants et portant malheur dans l'année à celui qui le découvrait. Des traces de pieds nus auraient été vues au sol. Ce diable-fantôme, ayant une queue, des cornes et des pieds de bouc, sortait parfois d'un puits ou d'une cave, selon les témoins.
Au XIXe siècle, des cabinets minéralogiques traitant de géologie dérivaient des cabinets de curiosités qui apparurent au XVIIe siècle et connurent une grande vogue au XVIIIe siècle.
Le ciel de chaque cabinet minéralogique s'ornait d'une rose des vents, empreinte figée du nord magnétique datant de deux siècles.
Beaucoup d'activités occultes s'y sont aussi déroulées durant tout le XIXe siècle et jusqu'à la Première Guerre mondiale : des messes noires, de la contrebande pour pénétrer le mur des Fermiers généraux partis à la chasse et au massacre des communards, en passant par des trafics et conspirations en tout genre.
C'est aussi dans les catacombes, durant l'entre-deux-guerres que la mode de la « Cagoule » fut lancée dans les carrières par le Comité secret d'action révolutionnaire et par son chef, Eugène Deloncle, exécuté par la Gestapo en janvier 1944. Pendant toute l'Occupation, les nazis y ont traqué les résistants et en août 1944, le soulèvement d'insurrection de Paris, précédant la sanglante épuration, fut organisé par le colonel Rol-Tanguy à partir de l'abri FFI dans les carrières situées sous la place Denfert-Rochereau.
Durant les années 1950 et 1960, les catacombes furent le théâtre de nombreuses fêtes étudiantes, mais la grande époque cataphile se situe plutôt dans les années 1980, époque à laquelle gothiques, punks et skinheads y organisèrent des reportages, des messes noires et des orgies à caractère nécrophile.
Aujourd'hui, toutes les nuits, les cataphiles s'y promènent, y font la fête et y laissent des traces, sous forme de graffitis codés.

L'empire des morts

La création des catacombes de Denfert-Rochereau est consécutive à l'insalubrité des cimetières parisiens du XVIIIe siècle, et plus particulièrement celui des Innocents. Ainsi, dès 1786 et jusqu'aux grands travaux haussmanniens, les ossements des cimetières de Paris ont été peu à peu rassemblés dans les anciennes carrières de Montrouge, devenues en 1810 des catacombes, en souvenir des sépultures des premiers chrétiens persécutés sous l'Empire romain.

« Arrête ! C'est ici l'empire de la mort ».

Cet avertissement de l'abbé Delille, qui accueille tout visiteur à l'entrée de l'ossuaire, donne le ton macabre de l'endroit. La présentation des ossements constitue une véritable mise en scène de la mort, à laquelle un choix de textes empruntés à toutes les sources de la tradition occidentale ajoute une dimension méditative, exprimant une ferveur religieuse mais aussi une compassion envers les victimes de la Révolution. À 20 mètres sous terre, le visiteur parcourt un réseau de galeries où reposent les restes de six millions de Parisiens. On longe des murs constitués de milliers de crânes et de tibias. Selon la rumeur populaire, des dépouilles d'inconnus côtoieraient celles de personnages célèbres de l'histoire tels que Montesquieu, Nicolas Fouquet, surintendant des Finances sous Louis XIV, Colbert, Jean-Baptiste Lully, François Mansart, Danton, Camille Desmoulins, Robespierre, Lavoisier, Charles Perrault, les corps des personnes exécutées entre 1792 et 1794 au Carrousel ou place de la Concorde, dont Charlotte Corday…

On notera aussi la présence de symboles maçonniques, comme les obélisques noirs et blancs, de nombreux extraits de poèmes macabres ou de citations de la littérature sacrée qui ornent également les murs du lieu.

Le ventre de Paris recèle donc bien des mystères et abrite une vie souterraine que nombre de Parisiens ne soupçonnent pas…

La cité souterraine de Naours s'étend sur plus de 2 kilomètres, compte 28 galeries, 300 « chambres », 6 cheminées, des places publiques et même une chapelle, pouvant abriter jusqu'à 2 000 personnes.

CI-DESSOUS : les grottes de Naours ont servi, pendant des siècles, de cachettes aux hommes traqués par des hordes d'envahisseurs. Les familles se regroupaient par pièces et par quartiers et créèrent des boutiques et des ateliers, reconstituant ainsi une véritable cité souterraine.

PAGE DE DROITE : le long des galeries, les hommes ont posé des croix, des monogrammes du Christ et des statues diverses (ici, la Vierge à l'Enfant).

DOUBLE PAGE SUIVANTE : la cité souterraine de Naours constitue l'ensemble le plus spectaculaire des refuges creusés par l'homme en France. Y vivant toute l'année, les hommes édifièrent des églises. Ainsi, trois grandes salles parallèles communiquent pour former les trois nefs d'une chapelle qui pouvait abriter environ quatre cents personnes.

Les grottes-refuges de Naours

Située entre Amiens et Doullens, la cité souterraine de Naours est une ville entière creusée à 33 mètres sous terre, constituant aujourd'hui l'exemple le plus caractéristique et le plus complet des refuges connus à ce jour. Des centaines de mètres de couloirs desservent des cellules, mais aussi une chapelle et des places publiques souterraines, entièrement taillées dans la craie. Aménagées à l'époque des invasions barbares des IIIe et IVe siècles, et, plus tard, au IXe siècle, lors des invasions normandes, les grottes de Naours serviront de muches (« cachettes » en picard) pour les habitants jusqu'à la Révolution française. Durant la Première Guerre mondiale, la plupart de ces refuges se retrouvèrent sur la ligne de front et furent utilisés par les troupes françaises et allemandes.

Un refuge contre les invasions

Creusée de la main de l'homme à partir du IIIe siècle à une profondeur moyenne de 33 mètres dans le flanc de la colline, la cité souterraine de Naours, qui s'étend sur plus de 2 kilomètres, compte vingt-huit galeries, trois cents « chambres », six cheminées, des places publiques et même une chapelle, pouvant abriter jusqu'à deux mille personnes. À l'origine, les souterrains de Naours ont servi de carrière pour l'extraction des pierres utilisées pour construire le village. Les grottes servirent également de refuge aux villageois pour se protéger des invasions.
Les familles vivaient dans les cellules le long des galeries. Grâce aux diverses inscriptions figurant sur les murs, ainsi qu'aux objets et monnaies découverts lors de la réouverture des grottes, il est possible de situer non seulement les époques auxquelles elles furent occupées mais aussi les pratiques auxquelles s'adonnaient leurs habitants. Ainsi, sur les parois, des emblèmes et des inscriptions sont encore visibles : symboles religieux, noms de lieux, de familles et dates qui s'échelonnent de 1340 à 1792.

Une cité souterraine très fréquentée

C'est pendant la guerre de Trente Ans, entre 1618 et 1648, que la cité souterraine fut la plus fréquentée, les habitants fuyant entre Amiens, Doullens, Arras, devant les troupes de Jean de Weerd et du prince Thomas.
Les grottes servirent également d'abri pour les fileuses qui y passaient leurs soirées d'hiver et pour les populations précarisées qui y trouvaient refuge et chaleur. Sous le règne de Louis XVI et jusqu'en 1830, elles ont même servi aux « faux saulniers » (contrebandiers du sel) pour échapper à la gabelle. C'est en 1887 que l'abbé Danicourt, aidé d'une équipe de volontaires composée des jeunes du village, découvrit dans les refuges une grande quantité d'objets : débris de vases, instruments divers (marteaux, manivelles, rouets, faucilles, couteaux, ciseaux), ferrures de chevaux, d'ânes et de mulets ainsi que de multiples ossements.
Lors des deux guerres mondiales, les grottes ne servirent plus de refuge mais furent réquisitionnées par les militaires. Elles ont été ouvertes au public en 1949 et suscitent, depuis, la curiosité de nombreux visiteurs.

MATER CREATORIS
EPERONS.DEBRIS D'ARMES
BOULETS TROUVES DANS L. CHAMPS
SUR LE
GUET

« Dans le site peu connu des Folies Siffait… j'y déchiffre comme le mythe de l'architecture enfin livrée en pâture au paysage » **Julien Gracq**, ***Carnets du grand chemin***

Les Folies Siffait

Le site des Folies Siffait est l'un des hauts lieux oniriques de la vallée de la Loire. À la fois ruine extravagante et jardin fantôme, ce château des Abîmes fut édifié sur les ruines d'un château fort, au début du XIXe siècle, par Maximilien Siffait. L'étrangeté de ces vastes structures ruiniformes dominant la Loire, composées d'escaliers qui ne mènent nulle part, de fenêtres murées et de pavillons noyés au milieu des ronces, rend difficile leur classement dans un genre architectural précis : château d'illusion, décor en trompe-l'œil, jardin suspendu ?

Une folie romantique

C'est en 1816 que Maximilien Siffait, receveur impérial des Douanes, découvre les bords de Loire, au cours d'un voyage d'affaires à Nantes. Pour cet homme du Nord, c'est le coup de foudre et la possibilité d'une nouvelle vie. Sans attendre, il acquiert les terres de la Gérardière et le promontoire de Castel Guy qui s'élève à plus de 50 mètres au-dessus de la Loire. Il fait immédiatement construire un belvédère, une sorte d'avant-scène pour contempler, avec sa femme Marie-Louise, les couchers de soleil sur la Loire. Décidant d'ajouter des escaliers pour rejoindre le fleuve, il embauche des centaines de paysans et des gens de la région pour effectuer les travaux. Sans doute inspiré par le splendide et baroque jardin d'Isola Bella, que le comte Vitalien Borromée avait créé en 1632 sur son île du lac Majeur, Maximilien Siffait poursuivit les travaux pendant quatorze ans, faisant surgir des broussailles et des herbes folles des constructions insolites, un kiosque turc, un pavillon à fronton triangulaire, de larges escaliers encadrés de lourdes rampes, des fenêtres murées, le tracé s'apparentant à un étrange labyrinthe.
Un ensemble architectural insolite que l'écrivain Adolphus Trollope, en voyage dans l'ouest de la France, décrivit ainsi en 1839 : « Le voyageur voit dans le lointain une grande masse de constructions colorées d'une forme et d'une apparence inexplicables. »

Un jardin excentrique

Aujourd'hui, les murailles des Folies Siffait sont toujours ornées de fenêtres murées et de portes qui ouvrent sur le vide. De mystérieux escaliers moussus, encadrés de lourdes rampes en fer, débouchent sur des précipices, et parmi les cèdres et les cyprès, des tourelles subsistent, défiant le temps. Cependant, les murs ont malheureusement perdu leur couleur.
Quel fut le but de Maximilien et de son fils Oswald, qui poursuivit son œuvre ? C'est sans doute la vie de Maximilien qui peut éclairer l'extravagance de ses constructions.
D'après Jean-Gabriel Bouchaud, un Nantais proche de la famille Siffait et issu d'une longue lignée d'artistes, ce jardin excentrique fut un acte d'amour, d'abord dédié à la femme de Siffait,

Page de droite : souvenir des rêves utopiques d'un gentleman du XIXe siècle, les jardins des Folies Siffait descendent en terrasses excentriques vers la Loire.

Double page suivante : le visiteur qui parcourt le labyrinthe végétal des Folies Siffait s'interroge… Qu'a voulu son créateur, Maximilien Siffait ? Exalter la nature sauvage ? Donner du travail aux chômeurs de l'époque… ou bien tout simplement faire un cadeau à sa femme dont il était follement épris ?

Ci-contre : fenêtre sur la Loire, les Folies Siffait rappellent la grande époque du romantisme au XIXe siècle, avec la nature et les ruines comme thèmes privilégiés.

ensuite à sa fille, leur offrant ainsi une promenade sur les bords de Loire. Pourtant, une terrible malédiction frappera la famille. D'abord, la femme de Maximilien disparaît brusquement à l'âge de 36 ans. Brisé, celui-ci continue son œuvre, marquée cette fois par une douleur infinie, ce qui explique en partie les curieuses constructions qui émergent alors, voies sans issue, fenêtres et portes fermées, signes de la tragédie et du non-sens de la vie.
En 1832, Maximilien, élu maire du Cellier, pense à l'avenir de sa fille Jeanne-Louise, à qui il dédie les nouvelles extravagances des Folies Siffait. Mais celle-ci mourra avant l'inauguration de cette Folie, prévue pour ses 18 ans. À la mort de Jeanne-Louise, en 1836, Maximilien, âgé de 50 ans, quitta Le Cellier, et son fils Oswald hérita des Folies Siffait, poursuivant l'œuvre romantique de son père. Passionné d'horticulture, Oswald apporta une touche plus végétale, des voûtes de feuillages, transformant le site en « Feuillées Siffait ». Sa femme Rosalie fit enduire les murailles et les escaliers de « crépi multicolore » en mémoire de Jeanne-Louise. Le jardin suspendu devint encore plus excentrique, envahi de pagodes chinoises et de turqueries bizarres, et même peuplé de mannequins de cire.
Le site est protégé depuis 1942 et classé monument historique depuis 1991. Aujourd'hui, quand on visite les Folies Siffait, on découvre une étonnante fantaisie architecturale, composée de vingt-trois terrasses soutenues par des murs en pierres sèches qui peuvent atteindre 12 mètres de haut, l'ensemble relié par des escaliers qui descendent vers la Loire. Le lieu a été longtemps laissé à l'abandon. Aujourd'hui, la commune du Cellier, qui en est propriétaire, aménage le site pour le confort des visiteurs. Comme le souligne Jean-Gabriel Bouchaud : « Qu'aujourd'hui et demain, en ce jardin sauvage et solitaire, les seuls bruits autorisés à rompre le silence soient celui de la fleur qui tombe flétrie au sol ou celui de la branche morte qui, sous les pas, se brise. »

Ces caveaux sont souvent le point de départ de nombreuses galeries tortueuses maçonnées, reliant tous les bâtiments civils, religieux et militaires.

PAGE DE DROITE : à la fois entrepôts et refuges, les galeries voûtées souterraines de Provins invitent à des promenades initiatiques. On se souvient ainsi que le ténébreux colonel Ardenti, l'un des héros du roman d'Umberto Eco, *le Pendule de Foucault*, était originaire de Provins et qu'il possédait la preuve qu'un terrifiant complot templier avait été préparé dans ces souterrains.

CI-DESSOUS : de nombreux graffitis tracés sur les murs des souterrains de Provins indiquent la trace de cultes et d'assemblées secrètes.

DOUBLE PAGE SUIVANTE, À GAUCHE : faut-il voir dans ce trou entre deux galeries, le symbole initiatique du passage de l'ombre vers la lumière ?

DOUBLE PAGE SUIVANTE, À DROITE : un soleil tracé sur un mur rappelle que les souterrains de Provins furent aussi le refuge de confréries maçonniques qui venaient y pratiquer leurs cérémonies loin des regards.

Les souterrains médiévaux de Provins

Ville opulente grâce à ses foires qui s'étendaient sur la moitié de l'année, Provins fut au Moyen Âge un centre économique important qui attirait d'innombrables marchands venus de toute l'Europe et même d'Orient.
Des souterrains furent creusés à cette époque sous la ville de Provins. Ces salles souterraines avaient plusieurs fonctions : entreposer et mettre à l'abri les récoltes et les marchandises ; abriter les trois mille tisserands, drapiers et potiers établis à cette époque dans cette ville médiévale ; et offrir un refuge aux habitants de la région lors d'éventuels assauts ennemis.

Des souterrains-refuges...

L'industrie du drap étant extrêmement productive à Provins au Moyen Âge, les souterrains de cette ville médiévale furent d'abord utilisés comme carrière, pour extraire la terre à foulon nécessaire au nettoyage des draps de laine. Une fois les cavités réalisées, les hommes ont pu les exploiter de plusieurs manières : refuges, entrepôts, lieux de culte franc-maçonnique.
Le Cercle de recherche et d'études des souterrains de Provins évoque les salles souterraines en ces termes : « Ces salles, dont l'architecture rappelle celle des édifices religieux, sont parfois construites sur deux niveaux. Elles se situent souvent sous d'humbles maisons paysannes ou de simples bâtiments de ferme bâtis à l'emplacement d'édifices disparus. La décoration de leurs chapiteaux indique le XIIIe siècle, époque de la prospérité de Provins. »
Ces caveaux sont souvent le point de départ de nombreuses galeries tortueuses maçonnées, reliant tous les bâtiments civils, religieux et militaires, ainsi que les souterrains dits « de fuite », débouchant à quelques centaines de mètres dans la ville.

... ou des refuges initiatiques ?

Plus tard, ces souterrains furent transformés en lieux de rencontre clandestins en raison des nombreuses persécutions politiques qui eurent lieu du Moyen Âge au XXe siècle. Les membres de ces sociétés devenues secrètes par la suite, ont laissé, imprimés dans la pierre, des graffitis et des messages codés, déchiffrables par les seuls initiés : soleil, animaux, cercles concentriques, crânes humains... Des graffitis du XVIIIe siècle représentant des soleils et des signes cabalistiques indiquent que ces galeries servaient de lieu de culte et d'assemblées nocturnes.
Certains historiens y voient même la marque des Templiers rappelant que la Seine-et-Marne fut un important bastion de l'ordre du Temple. À Provins, puissant fief templier, les chevaliers aux blancs manteaux, protégés par les comtes de Champagne, eurent une très grande influence. On trouve ainsi leur trace dans de nombreux endroits : la maison du val de Fontaine ; la Madeleine dans la ville haute ; Sainte-Croix dans la ville basse. Autant de maisons truffées de nombreux souterrains couverts de graffitis ésotériques.

Semi-troglodytique, l'église de Vals, construite sur l'emplacement d'un ancien temple celtique, est taillée à même la roche dans une fracture géologique.

L'église de Vals

Construite sur l'emplacement d'un ancien temple celtique, l'église de Vals, en Ariège, est certainement l'une des plus curieuses de France. Creusée dans le rocher, elle s'élève en effet des profondeurs de la Terre par une tour-chapelle dédiée au grand vainqueur de la chrétienté : l'archange saint Michel.

Une église rupestre

Sa nef carolingienne du Xe siècle, ses vestiges de style mozarabe, son clocher du XIIe siècle et son mur crénelé du XIVe siècle donnent à l'église de Vals un caractère très insolite. Semi-troglodytique, construite sur deux niveaux avec une rampe d'accès à une église basse, elle est taillée à même la roche dans une fracture géologique.

PAGE DE DROITE ET CI-CONTRE : taillée directement dans la roche, l'église de Vals est à moitié troglodytique, avec notamment sa crypte que l'on peut atteindre en empruntant un escalier. De loin, elle fait plutôt penser à une forteresse qu'à un sanctuaire religieux.

La nef inférieure (l'église basse) a pu être construite par les bénédictins, qui l'installèrent dans un rocher pour remplacer un site religieux antérieur qu'il convenait de christianiser. Une première nef et une abside rupestres du Xe siècle furent donc creusées dans la roche. L'abside fut ensuite surélevée, ouverte par un grand arc triomphal en plein cintre sur la nef supérieure. Pour accroître la place lors des cérémonies plus solennelles, les moines construisirent une autre nef romane, perpendiculaire à la première, formée d'un chœur et d'une abside ronde mais située au troisième étage au-dessus de la nef primitive. Des escaliers assurent l'accès à la nef supérieure, ou grande nef, couverte au XIe siècle d'une voûte en plâtre. Au fond s'alignent les arcs supportant la chapelle haute, vouée à saint Michel. Deux arcs, l'un en plein cintre, l'autre en anse de panier, et un troisième petit arc à claveaux de briques soutiennent un balcon sur lequel se dresse le grand arc roman par où la chapelle a vue sur la nef inférieure.

Des fresques somptueuses

C'est en 1954 que l'abbé Durand découvrit, lors d'un décapage de l'abside de l'église de Vals, des fresques représentant des personnages hiératiques, datant du XIe siècle. Elles illustrent un certain nombre d'épisodes de la vie du Christ. Ornant l'abside, elles sont d'une qualité exceptionnelle et entrent dans le groupe des fresques romanes catalanes qui ont été identifiées par Marcel Durliat et Ainaud de Lasarte comme étant l'œuvre d'artistes de l'atelier du maître de Pedret.

Les fresques de l'église de Vals montrent, du nord au sud, trois aspects de la vie de Jésus : sa venue au monde, sa période évangélique et sa gloire éternelle.

À Vals, ce fresquiste a atteint sa maîtrise, tant du point de vue du dessin que des thèmes iconographiques, dans ce hiératisme byzantin impersonnel si riche de spiritualité.
Plus précisément, ces fresques montrent, du nord au sud, trois aspects de la vie de Jésus : sa venue au monde, sa période évangélique et sa gloire éternelle. Chaque phase occupe une travée entre les bandeaux. La première travée, à partir du chevet, présente une Annonciation à l'ouest et, à l'est, le bain de l'Enfant Jésus aux mains des femmes dans une cuve pédiculée, tandis que Marie est couchée sous un drap somptueux.
Dans la travée suivante se distinguent huit personnages à la voûte et huit autres sur les arcs. Parmi ceux de la voûte, saint Pierre et saint André s'identifient aisément grâce aux clés et à la croix traditionnelles. Dans la dernière travée, la plus grande, près de l'arc triomphal, le Christ en majesté, dans une mandorle, tient le Livre de la main gauche et bénit de la main droite.

Les murs de l'église de Vals sont décorés de peintures murales du XIIe siècle qui illustrent certains épisodes de la vie du Christ. Avec leur trait simple et naïf, ces fresques d'artistes catalans sont d'inspiration byzantine.

Tel je fus comme tu es, et tel que je suis tu seras
Richesse, honneur et pouvoir sont dépourvus de valeur
au moment de votre trépas. **Poème anonyme du XIVe siècle**

Danses macabres et Ankou breton

Jusqu'au XIXe siècle, la mort était familière aux hommes. Malgré les famines, les guerres et les épidémies qui ravageaient les villes et les campagnes, « les hommes avaient apprivoisé la mort » selon la formule de l'historien Philippe Ariès. De ce tragique sentiment naquit un vaste mouvement de culture populaire fortement imprégné par les thèmes macabres. Après la grande épidémie de peste du milieu du XIVe siècle, qui décima environ un tiers de l'Europe, les danses macabres commencèrent à recouvrir les murs des églises et des charniers. En montrant la mort insensible aux privilèges, fauchant le pape comme le pauvre prêtre, l'empereur comme le mendiant, les artistes voulaient dénoncer la vanité des distinctions sociales.

La danse macabre met en scène la Mort qui entraîne, dans une dernière danse, les hommes de toutes les conditions sociales. Détail de *la Danse macabre du cimetière des Innocents de Paris*, peinte en 1424 et publiée par Guyot Marchant en 1485.

Quand la mort joue, les hommes dansent

Les historiens considèrent la danse macabre du cimetière des Innocents de Paris, peinte en 1424, comme l'origine de cette tradition. Aujourd'hui détruite, elle nous est parvenue par un livre de l'éditeur Guyot Marchand, publié en 1485. Lui succédèrent les fresques de Londres (vers 1430), de Bâle (une première vers 1440 et une seconde vers 1480), de La Chaise-Dieu (vers 1460-1470), et de Lübeck (1463). Pendant la deuxième moitié du XVe siècle, les danses macabres jouirent d'une popularité sans cesse grandissante.

Généralement, les danses macabres sont peintes (plus rarement sculptées) sur les murs extérieurs des cloîtres, des charniers, des ossuaires ou à l'intérieur de certaines églises. Sur ces fresques, un cadavre décharné ou un squelette est couplé avec un représentant d'une certaine classe sociale.

La danse macabre, qui prend le plus souvent la forme d'une farandole, met en scène la Mort s'adressant à ses victimes sous forme de vers, souvent sur un ton menaçant et accusateur, parfois sarcastique et empreint de cynisme. La Mort est cruelle, car elle ne regarde ni le rang, ni les richesses, ni le sexe, ni l'âge de ceux qu'elle fait entrer dans sa danse. Elle entraîne dans le gouffre de l'éternité, avec plaisir et sans distinction, papes, cardinaux, évêques, abbés, chanoines, prêtres, empereurs, rois, ducs, comtes, chevaliers, médecins, marchands, usuriers, voleurs, paysans et même innocents enfants.

Toutes ces danses macabres sont destinées à être vues, contemplées par les fidèles les jours de messe. Elles ont pour fonction de créer un climat dramatique, de faire peur au peuple, de rappeler aux hommes qu'ils sont mortels et que Dieu est le grand égalisateur.

Aujourd'hui, en France, on trouve plusieurs danses macabres abritées dans des sanctuaires catholiques : église de Kernascléden dans le Morbihan ; chapelle de Kermaria-an-Iskuit à Plouha dans les Côtes-d'Armor ; église de Kientzheim dans le Haut-Rhin ; église de

Meslay-le-Grenet dans l'Eure-et-Loir ; église Saint-Germain de Ferté-Loupière dans l'Yonne.

La danse macabre de l'église de Kernascléden

La Bretagne est sans doute la région française où la mort fut le plus présente dans la vie quotidienne des hommes. À titre d'exemple, on peut citer les nombreux calvaires et ossuaires, mais ce sont les danses macabres qui sont les manifestations les plus fortes de ce culte des morts. À Kernascléden, dès que l'on pénètre dans le chœur de l'église, on reste saisi par la beauté lumineuse des fresques murales. Les voûtes sont illustrées de vingt-quatre scènes aux couleurs vives de la vie de la Vierge ; la composition est habilement adaptée aux triangles allongés dessinés par les nervures. C'est dans le transept sud que le mystère s'ajoute au merveilleux avec les peintures murales représentant une impressionnante danse macabre, saisissant témoignage des peurs des Bretons de la Renaissance.

Dans une sarabande inquiétante, rois, chanoines, paysans pauvres, riches commerçants, troubadours entament leur dernière farandole, encerclés par de terrifiants squelettes au sourire cruel. Devant cette frise funèbre qui rappelle aux fidèles qu'ils sont tous égaux devant la mort, on ne peut que méditer sur le destin tragique et inéluctable des hommes. Au-dessus de la danse, on peut admirer les supplices de l'enfer avec, en son centre, le diable en personne qui tourne sa fourche dans un gigantesque chaudron où cuisent les damnés. Tout autour de lui, des corps nus d'hommes et de femmes empalés sur des branches d'arbres sont tourmentés par de féroces diablotins.

À la Chaise-Dieu, la Mort s'en donne à cœur joie, entraînant dans sa farandole implacable 23 personnages dont le pape et le roi. L'auteur de cette danse macabre, à ce jour inconnu, a voulu représenter les angoisses du XVe siècle, qui a connu la guerre de Cent Ans et des épidémies successives. Détail de la danse macabre de l'ancienne abbatiale de la Chaise-Dieu, musée des Monuments français, Paris.

Tous ceux qui l'ont vu « travailler » (les témoins sont rares) l'ont décrit comme un homme très grand et squelettique, au visage cadavérique encadré de longs cheveux blancs et ombragé d'un large chapeau.

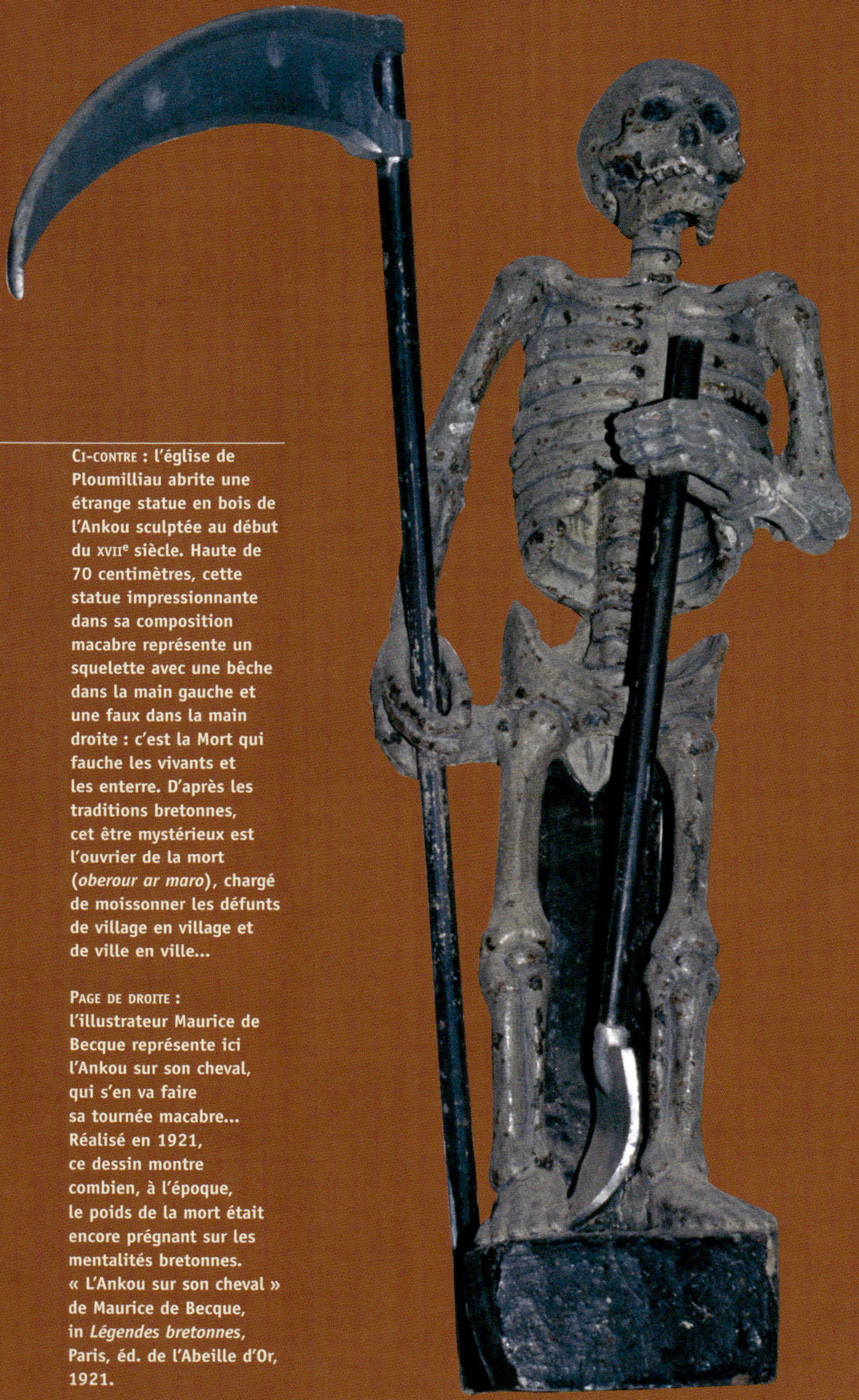

Ci-contre : l'église de Ploumilliau abrite une étrange statue en bois de l'Ankou sculptée au début du XVIIe siècle. Haute de 70 centimètres, cette statue impressionnante dans sa composition macabre représente un squelette avec une bêche dans la main gauche et une faux dans la main droite : c'est la Mort qui fauche les vivants et les enterre. D'après les traditions bretonnes, cet être mystérieux est l'ouvrier de la mort (*oberour ar maro*), chargé de moissonner les défunts de village en village et de ville en ville...

Page de droite : l'illustrateur Maurice de Becque représente ici l'Ankou sur son cheval, qui s'en va faire sa tournée macabre... Réalisé en 1921, ce dessin montre combien, à l'époque, le poids de la mort était encore prégnant sur les mentalités bretonnes. « L'Ankou sur son cheval » de Maurice de Becque, in *Légendes bretonnes*, Paris, éd. de l'Abeille d'Or, 1921.

L'Ankou breton

C'est l'ethnologue Anatole Le Braz qui popularisera le thème de l'Ankou à la fin du XIXe siècle, en collectant auprès de conteuses bretonnes plus de mille histoires terrifiantes que les paysans et les pêcheurs bretons se racontaient les nuits d'hiver près de l'âtre. À cette époque, le monde nocturne, hostile, était peuplé de créatures surnaturelles, fées, lavandières, korrigans et autres crieurs de nuit mais c'est l'Ankou qui était le plus terrifiant de ces êtres. Ouvrier de la mort (*oberour ar maro*, en breton), il est chargé de faucher les hommes et les femmes de village en village, de ville en ville, sans un seul jour de repos. Si on ne possède pas d'images de l'Ankou, on peut cependant admirer dans l'église de Ploumilliau une statue en bois qui le représente. Haute de 70 centimètres, sculptée au début du XVIIe siècle, elle montre un squelette avec une bêche dans la main gauche et une faux dans la main droite.

Tous ceux qui l'ont vu « travailler » (les témoins sont rares) l'ont décrit comme un homme très grand et squelettique, au visage cadavérique encadré de longs cheveux blancs et coiffé d'un large chapeau. Vêtu d'un manteau noir, il serre dans sa main droite une faux dont le tranchant est tourné vers l'extérieur pour pousser en avant plus facilement les cadavres dans le royaume des ténèbres. Il se déplace dans une charrette mal graissée et bruyante, empruntant de vieux chemins forestiers. Mais l'Ankou ne voyage pas seul... Ses amis préférés, la peste et le choléra, le précèdent toujours. Le croassement d'un corbeau ou le hululement d'une chouette annonce son arrivée. Inutile de préciser qu'il est formellement déconseillé de monter dans la charrette de l'Ankou, sous peine de rejoindre ses ancêtres sur les terres de l'Anaon (peuple des âmes en peine). Pourtant, les Bretons gardent la tête froide face à l'Ankou, car ils savent que la mort n'est pas une fin en soi, et que le dernier voyage dans sa charrette n'est qu'un passage vers un autre monde, plus chaud et plein d'hydromel.

Glossaire

Alchimie : l'alchimie est une science traditionnelle d'origine arabe qui s'est répandue à la fin du Moyen Âge en Europe. Elle a pour but de fabriquer la pierre philosophale, qui permet de changer les métaux vils en or. Le processus alchimique se développe sur deux plans. D'abord, sur le plan mental et moral, l'alchimiste doit se purifier et perfectionner son être intérieur, par la solitude et l'étude. Ensuite, sur le plan matériel, l'alchimiste doit apprendre à maîtriser les trois phases difficiles de l'œuvre : l'œuvre au blanc, l'œuvre au rouge et enfin l'œuvre au noir.

Archéoastronomie : étude des croyances et des pratiques astronomiques des sociétés anciennes. L'archéoastronomie est un outil de spéculations sur les réalisations intellectuelles des cultures primitives, comme les bâtisseurs des alignements mégalithiques ou les « roues médicinales » amérindiennes.

Astrologie : croyance selon laquelle les astres ont une influence sur les destinées humaines. Ainsi, les astrologues ont établi une carte du ciel, le divisant en douze signes formant le fameux zodiaque à partir duquel ils réalisent des horoscopes. L'astrologie avait une grande importance dans l'Antiquité, notamment à Sumer et à Babylone.

Cabale : tradition juive donnant une interprétation mystique et allégorique de l'Ancien Testament. Les principes fondamentaux de la cabale (ou kabbale) sont l'extase, la méditation et la prière.

Cairn : amas de pierres ou de terre protégeant les sépultures mégalithiques.

Cathare : du grec *katharos,* qui signifie pur. Les cathares ont développé au Moyen Âge, dans le Sud-Ouest de la France, une religion originale qui s'est distinguée par un ascétisme rigoureux et une théologie manichéenne fondée sur l'existence de deux principes créateurs : Dieu, le bien, et le diable, le mal. Très populaire, cette religion fut persécutée et anéantie par le roi de France et le Vatican, lors de la terrible croisade des albigeois au début du XIIIᵉ siècle.

Celtomane : spécialiste du monde celte.

Cosmotellurisme : corpus de recherches qui établit des liens entre le ciel et la Terre. L'application du cosmotellurisme se fait dans deux domaines principaux : la « sourcellerie » (détection de points d'eau) et la géobiologie, qui étudie les influences néfastes ou bénéfiques de l'architecture.

Cromlech : groupe de menhirs dressés et disposés en cercle.

Dolmen : monument mégalithique en pierre, en forme de table et qui servait de chambre funéraire.

Druidisme : ensemble de pratiques et de rites que les druides (les prêtres celtes) utilisaient dans le but de communiquer avec la nature, pour, par exemple, faire venir le soleil ou la pluie. Aujourd'hui, on assiste à un renouveau du druidisme sous la forme des *Gorsed* (groupes), surtout en Bretagne.

Ésotérisme : du grec *esoteros,* qui signifie caché. Doctrine selon laquelle certaines connaissances ne peuvent pas être divulguées mais sont réservées à une élite. René Guénon (1886-1951) fut, au XXᵉ siècle, l'un des représentants de l'ésotérisme français.

Franc-maçonnerie : ordre initiatique à vocation spirituelle et politique. La franc-maçonnerie a joué un rôle important dans le développement des valeurs humanistes et laïques, notamment sous la IIIᵉ République. Soupçonnés des pires complots, ses membres furent persécutés sous le régime du maréchal Pétain entre 1940 et 1944. Aujourd'hui, les francs-maçons jouent toujours un rôle culturel et politique indirect en France.

Hérésiarque : propagateur d'une hérésie. Chef d'une secte hérétique.

Hérésie : doctrine condamnée par l'Église catholique car contraire à ses dogmes.

Gentilisme : philosophie qui prône de vivre sa spiritualité sans dogmes religieux.

Gothique : nouvelle attitude esthétique inspirée par des poètes maudits comme Charles Baudelaire ou d'anciennes croyances comme le vampirisme. Pratique qui consiste à nier les valeurs de la société en recréant un autre univers, plus noir, plus sulfureux, à la fois plus inquiétant et plus lyrique.

Hermétisme : doctrine qui s'inspire d'Hermès, le scribe du dieu égyptien Thot. Il s'agit de transmettre des secrets cryptés entre initiés.

Korrigan : nom donné dans les traditions populaires bretonnes à des petits nains malfaisants.

Légendes urbaines : corpus d'histoires insolites et de rumeurs invérifiables qui se transmettent de bouche à oreille dans les grandes villes. Véritable miroir des peurs et des angoisses des citadins, les légendes urbaines forment un nouveau folklore. On peut citer la Dame blanche, l'auto-stoppeuse fantôme, la pyramide du Louvre prétendue satanique, les crocodiles dans les égouts de Paris qui remonteraient par les W.-C., les vérins hydrauliques de la tour Eiffel...

Magie : ensemble de pratiques qui s'appuient sur la croyance en des forces invisibles influençant les hommes. Le mage considère qu'il vit dans un univers peuplé d'esprits sur lesquels il a le pouvoir d'agir. On distingue la magie blanche, qui a pour but de soulager les souffrances des malades, de la magie noire, qui prétend détruire à distance ses ennemis en faisant appel à Satan et à ses légions démoniaques. Inutile de dire que cette conception a été combattue et est toujours combattue par les rationalistes, qui considèrent la magie comme un fatras de superstitions.

Mégalithes : pierres dressées ou plates, les mégalithiques constituent un sommet de l'architecture néolithique (il y a 6 000 ans).

Menhir : pierre dressée et dirigée vers le ciel. Il peut atteindre 20 mètres de haut, comme le grand menhir brisé, « la Pierre à la fée » de Locmariaquer. Les menhirs forment des cercles ou des alignements d'une seule file. Beaucoup furent abattus par les curés de campagne, car ils représentaient, pour le christianisme, les vestiges d'anciens cultes païens.

Mythologue : spécialiste des mythes anciens et modernes. Un mythologue s'intéressera par exemple aussi bien à la bête du Gévaudan et à Barbe-Bleue qu'aux légendes urbaines.

New Age : philosophie néospiritualiste née dans les années 1960 en Californie et qui annonce l'ère du Verseau, un nouvel âge d'amour et de paix. Aujourd'hui, le new age tente d'opérer la synthèse entre aspirations spirituelles, développement personnel et psychologie jungienne.

Occultisme : du latin *occultus,* qui veut dire caché. L'occultisme englobe les connaissances et pratiques secrètes destinées à transformer la nature : magie noire et magie blanche, cabale, astrologie...

Parapsychologie : science qui a pour champ d'investigation des domaines particuliers de la psychologie humaine (télépathie, psychokinésie) et qui pratique des expériences et des tests pour prouver la réalité de ces phénomènes autrefois appelés surnaturels.

Pierre philosophale : les alchimistes médiévaux la décrivent comme une substance saline et cristalline. Certains disent que c'est une poudre rouge. La pierre philosophale possède le fameux pouvoir de transformer les matériaux vils en or.

Satanisme : culte à Satan, le fils rebelle de Dieu selon l'Ancien Testament. Ce culte peut se faire sous forme de sacrifices, d'incantations ou de sabbats orgiaques.

Sorcellerie : pratiques d'envoûtement à distance, interdites par l'Église et passibles de procès. Il s'agit de faire appel à des forces obscures pour obtenir la mort d'un rival, l'obtention d'une affaire ou la victoire à des élections. Pour pratiquer leurs rituels, les sorciers ou les sorcières utilisent des grimoires et des plantes magiques, faisant même appel parfois à des légions démoniaques. Aujourd'hui en France, le marché de la sorcellerie représente environ 2 milliards d'euros.

Spiritisme : croyance dans la survie de l'âme après la mort. Grâce à des techniques originales, comme les tables tournantes, les spirites prétendent pouvoir communiquer avec les morts.

Télékinésie : faculté de déplacer les objets à distance par la seule force de la pensée. Mot issu du grec, *télé* pour « à distance» et *kinesis* pour « le mouvement ».

Télépathie : faculté de communiquer avec d'autres hommes uniquement par la pensée.

Templiers : ordre de chevalerie médiéval fondé en 1118 par Bernard de Clairvaux pour garder les lieux saints et protéger les pèlerins en Palestine. Devenu très puissant, l'ordre des Templiers sera dissous par le roi de France Philippe le Bel, ses dignitaires seront jugés et brûlés et les biens de l'Ordre confisqués. Le souvenir des chevaliers aux blancs manteaux restera très vivace dans la mémoire occidentale.

Tertre : élévation de terre recouvrant une sépulture.

Transcommunication : technique qui consisterait à communiquer avec les morts en utilisant la télévision. Selon l'un de ses inventeurs, l'Allemand Klaus Schreiber, on obtient ainsi des images de personnes décédées par le canal d'un écran blanc sans programme. À consommer avec modération.

Tumulus : amas de pierres ou de terre qui recouvrait les dolmens. La chambre mortuaire était ainsi protégée des vents et des pilleurs.

Ufologie : vient de l'anglais UFO *(Unidentified Flying Object)*. L'ufologie est l'étude des objets volants non identifiés (OVNI).

Carnet d'adresses

Démons et merveilles

La bête du Gévaudan
- Musée fantastique de la Bête du Gévaudan, 43170 Saugues.
Tél. : 04 71 77 64 22.
- La maison de la Bête, 43300 Auvers.

La forêt de Brocéliande
- Centre de l'Imaginaire arthurien, château de Comper-en-Brocéliande, 56430 Concoret.
Tél. : 02 97 22 79 96.
www.centre-arthurien-broceliande.com
- Église de Tréhorenteuc, 56430 Mauron.

Le Berry, terre des sorciers
- Musée de la Sorcellerie, La Jonchère, Concressault, 18410 Blancafort.
Tél. : 02 48 73 86 11.
www.musee-sorcellerie.fr
- Domaine de George Sand, 36400 Nohant-Vic.
Tél. : 02 54 31 06 04.

Le château de Barbe-Bleue
Château de Tiffauges, 85130 Tiffauges.
Tél. 02 51 65 70 51.
www.chateau-barbe-bleue.com

Les menhirs de Carnac
- Site mégalithique de Kermario, 56340 Carnac.
- Musée de la Préhistoire, 10, place de la Chapelle, 56340 Carnac.
Tél. : 02 97 52 22 04.
www.museedecarnac.com

L'abbaye de Mortemer
Abbaye de Mortemer, 27440 Lisors.
Tél. : 02 32 49 54 34.
www.abbaye-de-mortemer.fr

Paris ésotérique
- La maison de Nicolas Flamel, 51, rue de Montmorency 75003 Paris.
Tél. : 01 42 71 77 78.
www.auberge-nicolas-flamel.fr
- La pyramide du Louvre, cour Napoléon 75001 Paris.
www.louvre.fr
- La colonne astrologique, rue de Viarmes, 75001 Paris.
Demander la clé à la Mairie de Paris.
- La chapelle Notre-Dame de la médaille miraculeuse, 140, rue du Bac, 75007 Paris.
- Le cimetière du Père-Lachaise, rue des Rondeau, 75020 Paris.
Visite spirite du cimetière du Père-Lachaise 2 fois par an.
Guide : Vincent de Langlade
Tél. : 01 40 33 16 44.
- Repas ufologiques, tous les premiers mardis de chaque mois ; mezzanine de la cafétéria Casino, centre commercial des Quatre Temps, la Défense.
- le Baquet de Mesmer au musée d'histoire de la Médecine et de la Pharmacie
Université Claude Bernard, 8, avenue Rockefeller, 69373 Lyon.
Tél. : 04 78 77 70 00.

Les grandes énigmes historiques

L'étrange domaine de l'abbé Saunière
Musée de Rennes-le-Château, 11190 Rennes-le-Château.
Contact : Espace Bérenger Saunière
Tél. : 04 68 74 72 68.
www.rennes-le-chateau.fr

La caverne sculptée de Dénezé-sous-Doué
La Cave aux sculptures, 7, rue Caverne, 49700 Dénezé-sous-Doué.
Tél. : 02 41 59 15 40.
www.acom.fr

La grotte du Jugement dernier
Abbaye-musée, bd Charlemagne, 24310 Brantôme.
Tél. : 05 53 05 80 52.
www.ville-brantome.fr

Le mystère de Glozel
Musée de Glozel, Glozel, 03250 Ferrières-sur-Sichon.
Tél. : 04 70 41 12 96.
www.museedeglozel.com

Le château alchimique du Plessis-Bourré
Château du Plessis-Bourré, 49460 Écuillé.
Tél. : 02 41 32 06 01.

Le château de Gisors
Château de Gisors, rue de Penthièvre, 27140 Gisors.
Tél. (service patrimoine) : 02 32 55 59 36.

Le mur païen
Mont Sainte-Odile 67530 Ottrott.
Tél. (visites guidées): 03 88 95 80 53.
www.mont-sainte-odile.fr

La vallée des Merveilles
Musée des Merveilles
06430 Tende.
Tél. : 04 93 04 32 50.
www.museedesmerveilles.com

Hauts lieux sacrés et mystiques

Le Mont-Saint-Michel
50170 Le Mont-Saint-Michel.
Tél. (office de tourisme) : 02 33 60 14 30.
www.ot-montsaintmichel.com

La cathédrale de Chartres
28630 Chartres.
Tél. (office de tourisme) : 02 37 18 26 26.

La Troménie de Locronan
29180 Locronan.
La Grande Troménie de Locronan a lieu tous les six ans. La prochaine se tiendra en 2007. Participation libre.

Le château de Montségur
09300 Montségur.
Tél. (réservations auprès du guide) :
05 61 01 06 94.
- Musée archéologique de Montségur,
09300 Montségur.
Tél. : 05 61 01 06 94.
www.montsegur.org

Vézelay, « la colline éternelle »
Basilique de Vézelay,
89450 Vézelay
La basilique se visite toute l'année
de l'aube au coucher du soleil.

Nature insolite, nature fantastique

L'aiguille creuse
Le clos Arsène Lupin, maison Maurice
Leblanc, 15, rue Guy-de-Maupassant,
76790 Étretat.
Tél. : 02 35 10 59 53.
arsene-lupin.com

Des roches aux formes humaines
- Les Pénitents des Mées
04190 Les Mées.
- Les cheminées de fées
05190 Théus.
Visite libre.

Montpellier-le-Vieux
Le Maubert, 12720 Peyreleau.
Tél. : 05 65 60 66 30.
www.montpellierlevieux.com

Les Faux de Verzy
Forêt domaniale, 51380 Verzy.
Accès libre.
Plus de renseignements à la Maison
du parc naturel régional de la Montagne
de Reims.
Tél. : 03 26 59 44 44.
www.parc-montagnedereims.fr

Souterrains, catacombes et autres folies

Les entrailles de Paris
Les catacombes de Paris
1, place Denfert-Rochereau,
75014 Paris.
Métro Denfert-Rochereau.
Tél. : 01 43 22 47 63.
www.catacombes.info

Les grottes-refuges de Naours
5, rue des Carrières, 80260 Naours.
Tél. : 03 22 93 71 78.
www.grottesdenaours.com

Les Folies Siffait
Saint-Méen 44850 Le Cellier.
Tél. (mairie) : 02 40 25 40 18.
Accès libre.

Les souterrains médiévaux de Provins
77160 Provins.
Tél. (office de tourisme) :
01 64 60 26 26.
www.provins.net

L'église de Vals
09500 Vals.
À partir de Pamiers ou de Mirepoix,
prendre la D119. Un panneau de
signalisation indiquera l'embranchement
pour l'église de Vals.

Bibliographie

Démons et merveilles

La bête du Gévaudan
- Buffon, *Histoire naturelle générale et particulière*, Imprimerie royale, Paris, 1761, t. IX.
- François Favre, *la Bête du Gévaudan*, Librairie Floury, Paris, 1930 ; réédité par les éd. de Borée, Romagnat, 2004.
- Michel Louis, *la Bête du Gévaudan*, coll. « Tempus », éd. Perrin, Paris, 2001.

La forêt de Brocéliande
- Félix Bellamy, *la Forêt de Bréchéliant. La Fontaine de Barenton et quelques lieux d'alentour et les principaux personnages qui s'y rapportent*, Plihon, Rennes, 1896.
- Chrétien de Troyes, *Lancelot ou le Chevalier de la charrette*, Flammarion, Paris, 1999.
- abbé Henri Gillard, *les Mystères de Brocéliande*, éd. du Ploërmelais, Ploermel, 1954.
- Claudine Glot, *Hauts lieux de Brocéliande*, éd. Ouest-France, Rennes, 1996.
- Philippe Le Guillou (ouvrage collectif), *Brocéliande ou l'obscur des forêts*, La Gacilly, Artus, 1988.

Le Berry, terre des sorciers
- Brigitte Lucas, *Rites et Traditions populaires en Bas-Berry Pélerinages et diableries*, 1980.
- George Sand, *la Mare au diable*, Desessart, Paris, 1846.
- Claude Seignolle, *le Berry des traditions et superstitions*, éd. Hesse, Saint-Claude-de-Diray, 2002.
- *Le Grand et le petit Albert*, nouvelle édition, Belfond, Paris, 1978.

Le château de Barbe-Bleue
- Georges Bataille, *le Procès de Gilles de Rais*, éd. Jean-Jacques Pauvert, Paris, 1972.
- Mateï Cazacu, *Gilles de Rais*, éd. Tallandier, Paris, 2005.
- Gustave Flaubert, *Par les champs et par les grèves. Voyage en Bretagne*, Charpentier, Paris, 1886.
- Joris-Karl Huysman, *Là-Bas*, P. V. Stock, Paris, 1891.

Les menhirs de Carnac
- Gérard Bailloud, Christine Boujot, Serge Cassen, Charles-Tanguy Le Roux, *Carnac, les premières architectures de pierre*, coll. « Patrimoine au présent », CNMHS, CNRS éditions, Paris, 1995.
- Gwenc'hlan Le Scouëzec, *Guide de la Bretagne mystérieuse*, Tchou, Paris, 1966 ; nouvelle édition *Guide de la Bretagne*, éd. CoopBreizh, Spézet, 1997.

L'abbaye de Mortemer
Ernest Bozzano, *les Phénomènes de hantise*, Félix Alcan, Paris, 1920 ; nouvelle édition, coll. « bibliothèque métapsychique », éd. Exergue, Chambéry, 1999.

Paris ésotérique
- Dan Brown, *Da Vinci Code*, J.C. Lattès, Paris, 2004.
- François Carradec et Jean-Robert Masson, *Guide du Paris mystérieux*, Tchou, Paris, 1966 ; nouvelle édition éd. Sand, Paris, 2001.
- Alphonse Louis Constant (Eliphas Levi), *Dogme et Rituel de la haute magie*, nouvelle édition, Chacornac frères, Paris, 1930.
- Nicolas Flamel, *Livre des figures hiéroglyphiques*, éd. Pierre Belfond, Paris, 1973.
- Allan Kardec, *le Livre des Esprits*, E. Dentu Éditeur, Paris, 1857.
- Dominique Lesbros, *Paris mystérieux et insolite*, éd. De Borée, Romagnat, 2005.
- Bernard Roger, *Paris et l'alchimie*, Alta, Paris, 1981.
- Dominique Setzepfandt, *Guide du Paris ésotérique*, Faits et Documents, Paris, 1998.
- *Connaissance de Paris et de la France - Guide du Paris Alchimique*, revue, n° 24, 1975.
- Rapport de l'Académie des sciences et de la Société royale de médecine, rapport de Bailly sur Mesmer, 1784.

Au pays des alchimistes

- André Breton, *l'Amour fou*, Gallimard, Paris, 1937.
- Geneviève Dubois, *Fulcanelli dévoilé*, Dervy, Baillargues, 1992.
- Fulcanelli, *le Mystère des cathédrales*, éd. J.-J. Pauvert, Paris, 1964.
- Fulcanelli, *les Demeures philosophales*, éd. J.-J. Pauvert, Paris, 1965.
- Raymond Lulle (1235-1315), *la Clavicule.*
- Louis Pauwels et Jacques Bergier, *le Matin des magiciens*, Gallimard, Paris, 1960.

Les grandes énigmes historiques

L'étrange domaine de l'abbé Saunière
- Michael Baigent, Richard Leigh, Henry Lincoln, *l'Énigme sacrée*, Pygmalion, Paris, 1982.
- Dominique Dubois, *Rennes-le-Château, l'Occultisme et les Sociétés secrètes*, éd. Œil du Sphynx, Paris, 2005.
- Jean Markale, *l'Énigme du saint Graal, de Rennes-le-Château à Marie-Madeleine*, éd. du Rocher, Paris, 2005.
- Gérard de Sède, *l'Or de Rennes ou la vie insolite de Bérenger Saunière, curé de Rennes-le-Château*, éd. Julliard, Paris, 1967.
- Gérard de Sède, *le Trésor maudit de Rennes-le-Château*, éd. J'ai Lu, Paris, 1968.
- Gérard de Sède, *Rennes-le-Château, le dossier, les impostures, les fantasmes, les hypothèses*, éd. Robert Laffont, Paris, 1988.

La caverne sculptée de Dénezé-sous-Doué
- Pierre Carnac, *la cave sculptée de Dénezé-sous-Doué, enquête autour d'un mystère*, Cheminenents Éditions, Le Coudray-Macouard, 2005.
- Célestin Port, *Dictionnaire historique, géographique et biographique de Maine-et-Loire et de l'ancienne province d'Anjou*, Atelier d'Art Philippe Petit, Angers, 1874-1878 ; nouvelle édition, H. Siraudeau & Cie, Angers, 1989-1996.

La grotte du Jugement dernier
- Gilles Delluc, *Actes du colloque de Brantôme*, 11 août 1985.
- Brigitte et Gilles Delluc, « Deux ensembles sculptés de la vallée de la Dronne : Brantôme et Bourdeilles en Dordogne », in *la Sculpture rupestre en France (de la préhistoire à nos jours)*, actes du colloque de Brantôme, numéro spécial du *Bulletin de la Société historique et archéologique du Périgord*, 1988.

Le mystère de Glozel
- Émile Fradin, *Glozel et ma vie*, éd. Robert Laffont, Paris, 1992.
- Hans-Rudolf Hitz, *les Inscriptions de Glozel*, éd. : chez l'auteur, Ettingen, 1997.
- Robert-Louis Liris, *Glozel, les Graveurs du silence*, éd. BGC Toscane, Clermont-Ferrand, 1995.

Le château alchimique du Plessis-Bourré
- Michel Bulteau, *le Plessis-Bourré, alchimie et mystères*, Livre-Essor, Paris, 1983.
- Eugène Canselier, *Deux logis alchimiques*, éd. J.-J. Pauvert, Paris, 1972.

Le château de Gisors
- Jean Markale, *Gisors et l'énigme des Templiers*, Pygmalion, Paris, 1998.
- Gérard de Sède, *les Templiers sont parmi nous*, éd. Robert Laffont, Paris, 1962.

Le mur païen
- Dominique Hermann, www.mur-paien.fr
- Francis Mantz, *le Mur païen - histoire et mystère autour du mont Sainte-Odile*, éd. La nuée bleue, Strasbourg, 1991.
- Nathalie et Michel Vogt, *l'Enceinte mystérieuse du mont Sainte-Odile*, 1991.
- *Encyclopédie de l'Alsace*, éd. Publitotal, Strasbourg, 1982.

La vallée des Merveilles
- Jean-Claude Clébert, *Dans la vallée des Merveilles*. Planète n°29, 1966.
- Chantal Jègues-Wolkiewiez, *Des gravures de la vallée des Merveilles au ciel du mont Bégo, Approche ethno-astronomique d'un temple luni-solaire du Néolithique*, (Thèse de doctorat), faculté de lettres et sciences humaines. Université de Nice Sophia Antipolis, avril 1997.

Croyances et paranormal

- Nicole Edelman, *Histoire de la voyance et du paranormal*, Le Seuil, Paris, 2006.
- Sylvie Jumel, *la Sorcellerie au cœur de la République*, éd. Carnot, Paris, 2002.
- Liliane Kuczynski, *les Marabouts africains à Paris*, CNRS Éditions, Paris, 2003.
- Christophe Lefébure, *la France des croyances et des superstitions,* Flammarion, Paris, 2004.
- Patrick Modiano, *Villa triste,* Gallimard, Paris, 1975.
- Mario Varvoglis, *la Rationalité de l'irrationnel*, Interéditions, Paris, 1992.
- Jean Vernette, *l'irrationnel est parmi nous. Magie, divination, envoûtements et paranormal*, éd. Salvator, Paris, 2004.
- Voltaire, *Dictionnaire philosophique*, Flammarion, Paris, 1993 (première édition : 1764).

Hauts lieux sacrés et mystiques

Le Mont-Saint-Michel
- Frédéric Lenoir et Violette Cabesos, *la Promesse de l'ange*, Albin Michel, Paris, 2004.
- Guy de Maupassant, « La Légende du Mont-Saint-Michel », *Contes fantastiques complets,* coll. « les classiques de l'étrange », Marabout, 1987.
- Michel Nortier, *Millénaire monastique du Mont-Saint-Michel*, t. IV : bibliographie générale et sources, deuxième édition par Henry Decaëns, Lethielleux, 2001.

La cathédrale de Chartres
- Louis Charpentier, *Les Mystères de la cathédrale de Chartres*, Robert Laffont, Paris, 1972.
- Jean Markale, *Chartres et l'énigme des druides*, éd. Pygmalion, Paris, 1988.

La Troménie de Locronan
- Gustave Flaubert, *Par les champs et par les grèves. Voyage en Bretagne*, Charpentier, Paris, 1886.
- Donatien Laurent, « La Troménie de Locronan : Rite, espace et temps sacré », in *Saint Ronan et la Troménie* : *Actes du colloque international*, 28-30 avril 1989, CRBC, Association Abardaeziou Lokorn, Brest, Locronan, 1995.

Le château de Montségur
- Anne Brenon, *les Cathares, pauvres du Christ ou apôtres de Satan ?*, coll. « Découvertes Gallimard », Gallimard, Paris, 1997.
- Emmanuel Le Roy Ladurie, *Montaillou, village occitan de 1294 à 1324*, Gallimard, Paris, 1985.
- René Nelli, *les Cathares*, éd. Marabout Histoire, Paris, 1972.
- Fernand Niel, *les Cathares de Montségur*, éd. Seghers, Paris, 1976.
- Michel Roquebert, *les Cathares, de la chute de Montségur aux derniers bûchers : 1244-1329*, éd. Perrin, Paris, 1998.

Vézelay, « la colline éternelle »
- Jacques d'Arès (sous la direction de), *Vézelay et saint Bernard*, Dervy, Paris, 2002.
- Emile Mâle, *l'Art religieux du XIIe siècle en France : étude sur les origines de l'iconographie du Moyen Âge*, Armand Colin, Paris, 1998.
- Prosper Mérimée, *Notes d'un voyage dans le midi de la France*, Librairie de Fournier, Paris, 1835.
- Jules Roy, *Vézelay ou l'Amour fou,* Albin Michel, Paris, 1990.

Sur les traces des Templiers

- Alain Demurger, *les Templiers, une chevalerie chrétienne au Moyen Âge,* Le Seuil, Paris, 2005.
- Michel Lamy, *les Templiers - leurs mœurs, leurs rites, leurs secrets*, éd. Pocket, Paris, 2005.
- Serge Serbanesco, *Histoire de l'ordre des Templiers et des croisades*, éd. Byblos, Paris, 1969.
- Laurent de Vargas, *Histoire mystérieuse des Templiers*, éd. du Rocher, Paris, 2000.

Nature insolite, nature fantastique

L'aiguille creuse
Maurice Leblanc, *l'Aiguille creuse*, LGF-Livre de Poche, Paris, 1973 (première édition : 1909).

Des roches aux formes humaines
- Paul Arène et Albert Tournier, *Des Alpes aux Pyrénées*, Flammarion, Paris, 1892.
- Simon Bartel, *Historica et Chronologica Praesulum Sanctae Regiensis Ecclesia,* Aix-en-Provence, 1636.
- Marcel Brion, *la Provence*, éd. Arthaud, Paris, 1958.
- Jean-Paul Clébert, *Lieux et histoires secrètes de Provence*, La Porte Verte, Paris, 1980.
- Eugène Plauchud, *les Pénitents des Mées*, B.S.S. et Lit des B.A., 1897.
- *Rochers de légende*, (ouvrage collectif), Les Amis des Mées, 2000.

Les faux de Verzy
- *Les Hêtres monstrueux de la forêt de Verzy*, Revue Horticole, 1864.
- Jean-Pierre Boureux, « les Faux de Verzy : naissance, développement et maintien d'une légende », in *Sites et Paysages*, PNR de la Montagne de Reims, 1992.
- *Les Faux de Verzy*, ouvrage collectif, éd. Orcca, Reims, 1995.

Les sociétés secrètes

- Serge Hutin, *les Sociétés secrètes*, coll. « Que sais-je », PUF, Paris, 1996.
-Teddy Legrand, *les Sept Têtes du Dragon vert*, coll. « La guerre des cerveaux », Berger-Levrault, Paris, 1933.
- Pierre-André Taguieff, *la Foire aux Illuminés, ésotérisme, théorie du complot, extrémisme*, coll. « Mille et une nuits », Fayard, Paris, 2005.

Souterrains, catacombes et autres folies

Les entrailles de Paris
- Alain Clément et Gilles Thomas (sous la direction de), *Atlas du Paris Souterrain - la Doublure sombre de la Ville lumière*, Parigramme, Paris, 2001.
- Patrick Saletta, *À la découverte des souterrains de Paris*, éd. S.i.d.e.s., Paris, 1992.
- René Suttel, *Catacombes et carrières de Paris : promenade sous la capitale*, Union Rempart, 1986.

Les Folies Siffait
- Jean-Gabriel Bouchaud, *les Folies Siffait*, éd. Coiffard, Nantes, 1999.
- Julien Gracq, *Carnets du grand chemin*, José Corti, Paris, 1992.
- Marie-Paule Halgand, « La Folie de M. Siffait », *Revue 303*, n° 14, 1997.
- Joël Roussiez, *la Folie de M. Siffait*, A.C.L., Nantes, 1985.

Les souterrains médiévaux de Provins
- Olivier Delforge, « Aspect des salles basses dans Provins », *Colloque de Subterranologie d'Auxy-le-Château*, 1999.
- Jérôme et Laurent Triolet, *Souterrains et croyances, la place des souterrains dans l'imaginaire collectif*, éd. Ouest-France, Rennes, 2002.

L'église de Vals
- abbé Durand « Vals à travers les âges », in *Bulletin de la Société Préhistorique de l'Ariège*, 1957.

Danses macabres et Ankou breton

- Joël Saugnieux, *les Danses macabres de France et d'Espagne*, Belles Lettres, Paris, 1972.
- André Corvisier, *les Danses macabres*, coll. « Que sais-je ? », PUF, 1998.

Crédit iconographique

Toutes les photographies de ce livre sont de Franck Fouquet, sauf :

Akg-images : pages 41, 49, 60, 62, 66-67 (Hervé Champollion), 99, 110-111, 113, 128 (Hervé Champollion), 129 (Walter Limot), 141, 143b (British Library), 156.

The Bridgeman Art Library : pages 10, 69, 70, 114, 121, 146, 157, 182.

Nicole Chatelier : pages 108, 184.

Document Archipel studio : page 68.

Kharbine-Tapabor : pages 13, 21, 29a, 35, 37 (coll. Jonas), 45, 63a (coll. Perrin), 71, 109 (coll. IM), 125 (coll. Jonas), 131 (coll. Grob), 140 (coll. LOU), 142, 143a (coll. Grob), 144, 159 (coll. Grob), 185 (coll. IM).

Mary Evans Picture Library : page 15.

RMN : page 139 (D.R.), 158 (Gérard Blot), (Martine Beck-Coppola).

Hauts lieux, croyances et légendes de la France mystérieuse
est une publication de Sélection du Reader's Digest

Réalisation et production :
ARCHIPEL STUDIO
16, rue Claude-Tillier
75012 Paris

Direction d'ouvrage :
THOMAS BRISEBARRE

Édition :
FLORA DUMOULIN

Secrétariat d'édition :
EMMANUELLE COCUD

Fabrication :
MARGHERITA MARIANO

Avec la collaboration de l'équipe éditoriale de Sélection du Reader's Digest

Direction éditoriale :
GÉRARD CHENUET, CHRISTINE DE COLOMBEL

Lecture-correction :
CATHERINE DECAYEUX

ISBN 10 : 2-7098-1791-8
ISBN 13 : 978-2-7098-1791-2

Achevé d'imprimer : septembre 2006
Dépôt légal en France : octobre 2006
Dépôt légal en Belgique : D-2006-0621-79

Imprimé en Slovénie